GCSE in a week

French

D1335436

Marie-Laure Masson and Stuart Robathan,
Abbey Tutorial College. Series Editor: Kevin Byrne

Where to find the information you need

Letts Educational
Aldine Place
London W12 8AW
Tel: 0181 740 2266
Fax: 0181 743 8451
e-mail: mail@lettsed.co.uk
website: http://www.lettsed.co.uk

First published 1998
Reprinted 1998

Text © Marie-Laure Masson and Stuart Robathan 1998
Design and illustration © BPP (Letts Educational) Ltd 1998

British Library Cataloguing in Publication Data
A CIP record for this book is available from the British Library.

ISBN 1 85758 6980

Editorial, design and production by Hart McLeod, Cambridge

Printed in Great Britain by Sterling Press, Wellingborough NN8 6UF

Letts Educational is the trading name of BPP (Letts Educational) Ltd

Who am I?

Test your knowledge

10 minutes

1 Lisez le texte suivant et répondez aux questions en français. (*Read the following text and answer the questions in French.*)

> **Salut! Je m'appelle Sylvie Grimault et j'ai quinze ans. Je suis née le 19 avril 1982. J'habite en France, à Angers. Mon adresse est 3, rue des Flandres.**

a) Quel âge a Sylvie? b) Où habite Sylvie?

Sylviane

France à angers?

2 Écoutez le disc compact et remplissez les blancs.
(*Listen to the CD and fill in the blanks.*)

③ a) Comment est-elle? (*What does she look like?*)

Couleur des yeux: ___vert___

Couleur des cheveux: ___blond brun___ *raides*

marron
Petit taille
Carrée
fonkment
le XX
cent
francs
et un
paire
de lunettes

1m 50

b) Vrai ou faux? Cochez la bonne case.
(*True or false? Tick the correct box.*)

	Vrai?	Faux?
Elle est gentille.	✓	
Elle n'est pas sérieuse.		✓

3 Masculine or feminine? Fill in the blanks with either *un*, *une* or *des* and write the adjective in bold in its correct form.

___une___ fille **timide**   ___des___ cheveux **brun**   ___une___ voiture **neuf**

4 How would you say this in French? Now answer the questions!

a) What is your name? b) How old are you? c) Where do you live?

Comment t'appelle   *quel age as tu*   *Où habite tu*

J'en appelle   *j'habite à Whillon*

✓ *If you got them all right, skip to page 4*

1

Who am I?

Improve your knowledge

20 minutes

1. To tell someone how old you are, you have to use the verb **avoir** (*to have*) and *not* **être** (*to be*).

    e.g. **J'ai** treize ans.   *I am thirteen years old.*

    Remember that **être** and **avoir** are the two most important French verbs. You must know the present tense as it will be used very frequently at GCSE level.

être		avoir	
je suis	nous sommes	j'ai	nous avons
tu es	vous êtes	tu as	vous avez
il est	ils sont	il a	ils ont
elle est	elles sont	elle a	elles ont

Learn this

2. The listening comprehension is a description of a girl. When listening to a description, you will have to pick up the **key words** which in this case are adjectives of personality and colour: gentille (*kind*), de bonne humeur (*in a good mood*), sérieuse (*serious*), calme (*quiet*), vert (*green*), brun (*brown*).

3. In French, nouns are either **masculine** or **feminine.** When you learn a new word, learn the gender too (i.e. never note a new word as **arbre** or **chaussure** but as **un arbre, une/la chaussure**).

masculine	feminine	plural
un	une	des
le (l')	la (l')	les

    Also remember that an adjective usually changes its ending depending on whether the noun it describes is masculine or feminine, singular or plural. The adjective 'agrees with' the noun. For regular adjectives, follow three basic rules:

- adjectives describing a feminine singular noun have an extra **e** on the end.
  e.g. joli → la joli**e** fille

- adjectives describing a feminine plural noun have an extra **es** on the end.
  e.g. joli → les joli**es** filles

- adjectives describing a masculine plural noun have an extra **s** on the end.
  e.g. noir → les chiens noir**s**

However, not all adjectives follow this pattern. They are called 'irregular adjectives'. Look how the following irregular adjectives change their endings:

masculine	feminine
fier	fière (*proud*)
sérieux	sérieuse (*serious*)
neuf	neuve (*new*)

4 Here are some useful phrases for writing and speaking:

Je me présente	*Let me introduce myself*
Voici...	*This is...*
Je suis...	*I am...*
J'ai... ans	*I am... years old*
Je suis né(e) le...	*I was born on the...*
J'habite **à** Paris	*I live in Paris*
J'habite **en** France (*f*)	*I live in France*
au Portugal (*m*)	*I live in Portugal*
aux États-Unis (*pl*)	*I live in the United States*

Who am I?

Use your knowledge

20 minutes

Hint 1

1 Lisez le texte suivant puis complétez les détails en français.
(*Read the following text and complete the details in French.*)

> Jeune homme, 37 ans, intelligent et sportif, cherche
> jeune femme 25–30 ans, calme, de bonne humeur,
> blonde aux yeux bleus et mince. Relation sérieuse.

Il cherche: (**chercher** means *to look for* or *to search for*)

Sexe? femme

Âge? 25-30 ans

Description physique? cheveux blonde yeux bleus mince

Caractère? calme bonne humeur

2 Écoutez Anna qui a reçu une lettre de sa correspondante.
Trouvez les informations qui manquent. (*Listen to Anna who has
received a letter from her penfriend. Fill in the missing details.*)

4

Prénom: Syviane SYLVEANE

Nationalité: _____

Hint 2

Âge: 14

Date de naissance: 20 Juin

Cheveux: long

Yeux: vert

Taille: asser petit

Caractère: portif bon humeur

3 En utilisant les informations suivantes, faites une description de Marie. (*Use the following information to write a short description of Marie.*)

Nom: Séché
Prénom: Marie
Date de naissance: 22.02.81
Nationalité: française
Adresse: 10, avenue des Fleurs, Poitiers
Personnalité: heureuse, sportive, jolie, gentille

(Hint 3)

Voici Marie. Elle. *heureuse, sportive jolie et gentill. Elle a habille a numero 10 avenue des fleurs à poitiers. Elle habbite en France Elle est née 22/2/81 Elle s'apelle Morie séché*

4 How would you answer the following questions in French?

a) Comment tu t'appelles? *J'mapelle Miranda*   (Hint 4)

b) Quel âge as-tu? *J'ai quinze ans*

c) Où habites-tu? *J'habitte a Whitlon*

d) D'où viens-tu?

e) Quelle est ta nationalité? *Je suis Anglais*

f) Comment es-tu?

5 You are meeting some friends of your penfriend in France. How would you introduce yourself? Follow the instructions.

a) Say that you are from England and that you live in Reading. *Je suis Anglais J'habitte en France Reading*

b) Tell them your name and how old you are. *Je mapelle Miranda je suis quinze ons*

c) Say when you were born. *Je suis née a le neuf octobre 1983*

d) Describe yourself. *Je suis assez gronde e même avec des cheveux assez courts et des yeux gris maron claire*

e) Ask the names of the friends and where they come from.

Comment t'apelle tu   ou habittes tu

Who am I?

Hints

1   Reading comprehensions become easier the more you do them, so ask your teacher to give you extra reading passages on a regular basis. Remember that vocabulary learning is very important.

2   Before listening to the CD, have a look at the questions and work out what you are listening for. It is not essential to understand everything as you are only listening for key information.

Sylvie's penfriend spells out her name. The French alphabet is at the beginning of the CD. Familiarise yourself with it by listening to and repeating the letters.

3   How do you say: *I am sixteen years old?*
Agreement of adjectives: can you remember the basic patterns? If not, go back to page 3.
marron: does it take **s** in the plural?

4   Learn the grammar with the examples!
How do you say: *I come **from** France
I live **in** the United States*

(1)   Make sure that you know the numbers from 1 to 100. They are on the CD. Listen to them and practise saying them out loud.

Answers

1 féminin; entre 25 et 30 ans; blonde aux yeux bleus, mince; calme, de bonne humeur
2 Sylviane; américaine; 14 ans; le 20 juin; roux; verts; assez petite; sympa, toujours de bonne humeur 3 Elle est née le 22 février 1981. Elle est française. Son nom de famille est Séché. Elle habite à Poitiers et son adresse est 10, avenue des Fleurs. Physiquement, elle est jolie. Marie est heureuse, gentille et elle est sportive. 4 a) Je m'appelle… b) J'ai… c) J'habite à…
d) Je viens de… e) Ma nationalité est… f) Je suis… mes cheveux sont… mes yeux sont…
5 a) Je viens d'Angleterre et j'habite à Reading. b) Je m'appelle… et j'ai…ans. c) Je suis né(e)
le… d) Je suis… mes yeux sont… mes cheveux sont… e) Comment vous appellez-vous? D'où
venez-vous?

6

My family

Test your knowledge

1 Lisez le texte suivant et répondez aux questions en français. (*Read the following text and answer the questions in French.*)

> Bonjour! À la maison, nous sommes six. Mes parents s'appellent Julie et Roger. J'ai deux frères et une soeur. Je suis la plus jeune. Pierre a vingt ans et Sophie dix-sept. L'aîné est Thierry et il a cinq ans de plus que mon frère cadet. Comment est ta famille?
>
> Sylvie.

a) Combien de frères et de soeurs a Sylvie? 2 freres 1 soeur

b) Qui est l'aîné/le (la) plus jeune de la famille? Thierry Sylvie

2 Écoutez le disc compact et remplissez le tableau. (*Listen to the CD and fill in the table.* ***état civil*** *= marital status*).

5

	âge?	état civil?
Marlène	18	celibatore
Béatrice	70	veuve

3 Cochez la bonne réponse. (*Tick the correct answer.*)

a) Ma grand-mère est vieille/~~vieux~~ et elle a les cheveux blanches/~~blancs~~.

b) Ma soeur est belle/~~beau~~ et elle est ~~roux~~/rousse.

4 How would you say this in French? Now answer the questions!

a) How many sisters and brothers do you have? avez vous des soeurs et

b) What do your parents do? Ma pere est biblicore et mom pere est
des freres

c) I am the youngest/eldest in my family.
J'ai une soeur

Je suis le aine de ma famillie

Answers

If you got them all right, skip to page 10

7

20 minutes

1 The tense used in this letter is the *present tense*. Some verbs are *regular* like **parler**, some are *irregular* like **avoir** and **être.** The irregular verbs have to be learnt by heart whereas the regular ones follow a pattern. Regular french verbs are divided into three groups according to their endings in the infinitive form:

  1st group = **er** (parl**er**)
  2nd group = **ir** (fin**ir**)
  3rd group = **re** (vend**re**)

To conjugate a verb in the present tense, look at the ending of the verb and decide which of the three groups it is in. Then remove the **er**, **ir** or **re** and add one of the following endings:

1st group **er**	2nd group **ir**	3rd group **re**
je parl**e**	je fin**is**	je vend**s**
tu parl**es**	tu fin**is**	tu vend**s**
il parl**e**	il fin**it**	il vend
elle parl**e**	elle fin**it**	elle vend
nous parl**ons**	nous fin**issons**	nous vend**ons**
vous parl**ez**	vous fin**issez**	vous vend**ez**
ils parl**ent**	ils fin**issent**	ils vend**ent**
elles parl**ent**	elles fin**issent**	elles vend**ent**

In French, there is no distinction between *I speak*, *I am speaking* and *I do speak*. You use the same form for all of these – **je parle.**

2 When hearing a description of someone, you might hear his or her marital status. Here are the words you will come across:

  célibataire   *single*
  marié (*m*)/mariée (*f*)   *married*
  veuf (*m*)/veuve (*f*)   *widow(er)*
  un petit ami (*m*) une petite amie (*f*)   *boyfriend/girlfriend*

3 Some adjectives do not follow the rules described in 'Who am I?', pages 2–3. Here are the main exceptions you should know at GCSE level.

masc. sing.	fem. sing.	masc. pl.	fem. pl.	
b**eau**	b**elle**	beaux	belles	*pretty, beautiful*
vi**eux**	vi**eille**	vieux	vieilles	*old*
blan**c**	blan**che**	blancs	blanches	*white*
gro**s**	gro**sse**	gros	grosses	*fat*
genti**l**	genti**lle**	gentils	gentilles	*nice, kind*
favor**i**	favor**ite**	favoris	favorites	*favourite*

4 Here are some useful phrases for writing and speaking:

Je m'entends bien avec...	*I get on well with...*
Je suis fils/fille unique	*I am an only child*
Je suis l'aîné(e)/ le cadet (la cadette)	*I am the eldest / the youngest*
J'ai... frère(s) et... soeur(s)	*I have... brother(s) and... sister(s)*
Mon père travaille. Il est...	*My father works. He is...*
Ma mère ne travaille pas	*My mother does not work*
Je suis à l'école	*I am at school*

Now learn how to use this knowledge

My family

Use your knowledge

1 Vous avez reçu une lettre de votre nouveau correspondant français, Franck. Lisez-la. (*You have received a letter from your new French penfriend, Franck. Read it.*)

(Hint 1)

> Salut!
>
> Je suis ton nouveau correspondant français. Je m'appelle Franck et j'ai quinze ans. Ma famille est petite. Je suis enfant unique et mes parents sont divorcés. Je vis avec mon père pendant la semaine et je passe les week-ends avec ma mère. Et toi, comment est ta famille? Combien de frères et de soeurs as-tu? Mes parents travaillent tous les deux. Ma mère est secrétaire et mon père est professeur de français. Que font tes parents dans la vie?
> Je t'envoie une photo de ma famille. Comment trouves-tu ma famille? Écris-moi vite!
>
> Amicalement,
> Franck

a) Répondez aux questions en français. (*Answer the questions in French.*)

- Qui est Franck? Mon correspondant français
- Quel âge a-t-il? 15 quinze
- Combien de frères et de soeurs a Franck? 0 only child fis   enfant unique
- Pourquoi vit-il avec son père? toute la semaine
- Que font ses parents dans la vie? Divorcée.s

b) À vous maintenant! Écrivez une lettre à Franck présentant votre famille. (*It's your turn! Write a letter to Franck describing your family.*)

Salut Franck! J'mapelle Mirandu j'ai aussi quinze ans ma famille et assez grand J'ai une soeur elle s'apelle Natalie Mes Parents sont moriée pour dix huit ann. Mon Pere et vendeur ma mere est bibliocre. a bien tot Miranda

10

2 Écoutez le disc compact et répondez en français aux questions suivantes. (*Listen to the CD and then answer the following questions in French.*) Hint 2

6

a) Comment s'appelle-t-il? SERGE

b) Quel âge a-t-il? 13

c) Où habite-t-il? Paris

d) Avec qui habite-t-il? frère, soer avec son gonporent, son porents et son

e) Il est le plus âgé des enfants? Non

f) Comment sont ses grands-parents? il s'entend tres bien avec son gonporents

3 Complétez le texte suivant. (*Complete the following text.*)

Je m'apelle Paul et j' ai trente-cinq ans. Ma Hint 3

femme s'appelle Lorena. Elle ne travaille pas: elle est

femme au foyer . Nous avons deux enfants de

dix et quatorze ans. Nous habitons près de Paris, dans

une grande maison . Nous voulons correspondere

avec une famille irlandaise pour faire des échanges

pendant les vacances.

avons	femme au foyer	m'appelle
habitons	famille	femme
ai	maison	correspondre

4 You are staying in a hotel in France with your family and you are making friends with a French family.

a) Say you are pleased to meet them. enchonte de voitre faire conessonce comment tu t'apelles Hint 4

b) Ask how many children they have. Vous aves combéin des enfants

c) Find out who is the eldest/youngest. Qui est âine Qui est jeune

d) Ask the age, name and occupations of the children. quelle age a tu

e) Ask what the parents do. Qu'est que c'est ton ocupation

My family

Hints

1 Do you understand the questions? Do you know the key words **qui** (*who*), **combien de** (*how many*), **pourquoi** (*why*) and **que** (*what*)?

The more you write, the easier it will become. Use the letter as a model. Do remember **j'ai 15 ans**! To start a letter to a friend, use **Salut Paul**, **Bonjour Paul**, **Cher Paul**. To end the letter, you can use either **Amicalement** or **Amitiés** which means *with love*.

2 Look at the questions first. Any problems? Again, make sure you know the key words like **où** (*where*), **avec qui** (*with whom*), **comment** (*how / what... like*).

What is the meaning of **âgé**? **le plus âgé**?

3 To begin with, read through the whole passage: you will get a better understanding and an idea of the words to find. This exercise tests your vocabulary. By now, you should be very familiar with the basic structures like *I am... years old*, *my name is...*, *I live...*, *I have...*, *I am...*. When the gap is a verb, pay attention to the ending!

4 For this type of exercise, you must be able to *recall* your knowledge. Don't translate word for word! Get the message through with the basic structures and vocabulary you know.

When you greet someone, say **Enchanté(e) de faire votre connaissance** (*Pleased to meet you*).

Answers

1 a) mon nouveau correspondant français; 15 ans; il est enfant unique; ses parents sont divorcés; mère = secrétaire, père = professeur de français b) Je te présente ma famille. Ma famille est... J'ai... frères et.... soeurs. Mon père est..., ma mère est.... Je m'entends bien avec... f) pas très vieux et gentils.

2 a) Serge b) treize ans c) à Paris d) parents, soeur, frère, grands-parents e) non, le plus jeune

3 m'appelle; ai; femme; femme au foyer; avons; habitons; maison; correspondre; famille.

4 a) Enchanté(e) de faire votre connaissance. b) Combien d'enfants avez-vous? c) Qui est l'aîné/e cadet de la famille? d) Quel âge ont les enfants? Comment s'appellent-ils? Que font-ils? e) Quelle est la profession de vos parents?

12

Where I live

Test your knowledge

10 minutes

1 Lisez le texte suivant et répondez aux questions en français. (*Read the following text and answer the questions in French.*)

> Bonjour! J'habite à Angers, dans le Nord-Ouest de la France. À Angers, il y a beaucoup de choses à faire: cinéma, magasins, théâtre. C'est une grande ville, assez touristique avec quelques monuments historiques.

a) Où est situé Angers? Nord Ouest de la France

b) Angers est une ville industrielle? Non assez touristique avec quelques monuments historiques

c) À Angers, qu'est-ce qu'on peut faire? Il y a beaucoup de choses

2 Voici des réponses. Quelles sont les questions? (*Here are some answers [concentrate on the words in bold]. What are the questions?*)

a) …? J'étudie dans **ma chambre**.

b …? Mon père passe l'aspirateur **tous les samedis**.

3 Écoutez le disc compact et remplissez les blancs. (*Listen to the CD and fill in the blanks.*)

7

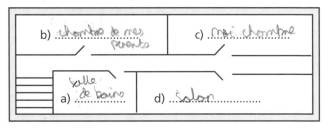

b) chambre de mes parents   c) ma chambre

a) salle de bains   d) salon

4 How would you say this in French? Now answer the questions!

a) What is your town like? Comment c'est la ville peut faire dans ta ville

b) What can you do in your town? qu'est ce que on maison

c) Where is your house/town located? Où est la maison/ville située

If you got them all right, skip to page 16

Where I live

Improve your knowledge

20 minutes

1 To understand the questions, you will need to know the key **question words**. Here are the most important question words:

> **où?** *where?*   **qui?** *who?*
> **quand?** *when?*   **pourquoi?** *why?*
> **qu'est-ce que?** *what?*   **comment?** *how?/what...like?*
> **combien de?** *how many?*

Learn these

2 How do you ask a question? Here are two types of question:

Type 1: when you ask a question starting with *do/does/will/can...?*, the answer will be *yes* or *no*.

e.g. *Will* he come for dinner?   *Yes* (he will definitely come).
                                     No (he's got a cold).

Type 2: when you ask a question starting with one of the question words (*why? when? who? where?*) you are looking for information. The answer won't be a simple *yes* or *no* but will provide further information and details.

e.g. *What* has he done this morning? He went shopping and visited his girlfriend.

To form these two types of question:

Type 1: use **est-ce que** at the beginning of the question:

> *Are* you coming?   **Est-ce que** tu viens?
> *Can* you come?   **Est-ce que** tu peux venir?

Type 2: use a question word at the beginning of the question:

> *Where* are you going?   **Où** vas-tu?
> *Who* is coming?   **Qui** vient?
> *When* is she coming?   **Quand** vient-elle?

3 Listening comprehensions may be full of information which you do not require. Remember to read the questions first and work out what key information you need to listen for.

When talking about what floor something is on, you use **au**: **au** rez-de chaussée (*on the ground floor*), **au** premier étage (*on the first floor*).

4 Here are some useful phrases for writing and speaking.

They will help you to describe your town, your house and the activities you do at home.

Il y a beaucoup de choses à faire	There is a lot to do
C'est une ville industrielle/ touristique	It is an industrial/ tourist town
J'habite dans un appartement/ une HLM/un pavillon *jumelléo*	I live in a flat/council house/detached house *semi detached*
Il y a.. étages/pièces	There are.. floors/rooms
Il y a une cuisine, une salle de bains, une salle à manger, un salon, une chambre, les toilettes	There is a kitchen, a bathroom, a dining room, a sitting room, a bedroom, the toilets

✔ *Now learn how to use this knowledge*

Where I live

Use your knowledge

20 minutes

1 Lisez les petites annonces suivantes.
(*Read the following advertisements.*)

a)

> **À louer** appartement meublé,
> plein centre-ville, wc, s. de b.,
> cuis. aménagée, chbre.
> 1500F/mois + charges.
> Tel: 01.36.54.92.63

Hint 1

Vrai ou faux? Cochez la bonne case. (*True or false? Tick the correct box.*)

	Vrai?	**Faux?**
The flat is for sale.		✓
It is unfurnished.		✓
It is in the middle of the city.	✓	
Bills are included.		✓

b)

> **À vendre** beau pavillon ds
> quartier calme, sud-est Nantes.
> Grand jardin, garage, 4 chbres
> avec s. de b. cuis., salon, s. à.
> manger, débarras, prox. lycée et
> bus.
> Tel: 30.16.12.34.76 (soir)

Hint 2

	Vrai?	**Faux?**
It is a terraced house.		✓
The house is for sale.	✓	
It has a store room.	✓	
It is a long way from buses.		✓

2 Écoutez le disc compact et remplissez les blancs en anglais.
(*Listen to the CD and fill in the blanks in English.*)

(8)

a) Colour of carpet: ~~verte~~ green

b) The bed is on the ___right___ of the window.

c) To the left of the window there is a ___mon lit bed___.   *ditionary*

d) Opposite the window there is a ___~~grand armoine~~ big___ (*armoire*)

3 Écrivez une lettre à votre correspondant français et posez-lui des questions au sujet de: (*Write a letter to your French penfriend asking about:*)   (Hint 3)

où est ta ville   qu'est-ce que ta maison   qu'est-ce que c'est ta chambre

- sa ville   • sa maison   • sa chambre

Cher correspondant,
J'aimerais des informations sur ta ville et ta maison...

4 How would you answer the following questions in French?   (Hint 4)

a) Où est située ta ville? *Ma ville c'est Richmond, on est située dans un banlieu de Londres*

b) Pour aider tes parents, qu'est-ce que tu fais? *je faire mes devoirs et je sortée le poubelle*

c) Comment est ta chambre? *Ma chambre c'est assez grand. le murs c'est violet et au murs c'est les posters pour étrangert*

d) Combien y a-t-il de pièces dans ta maison? *Dans ma maison assez de chausie c'est trois pièces en haut c'est quatre pièces*

5 You are talking to your penfriend about your house and asking about his/hers.   (Hint 5)

J'habite dans un pavillion dans la banlieue

a) Say that you live in a detached house outside the city centre.

b) Find out how many floors and rooms there are, in his/her house or flat. *Dans ta maison combien des pièces et des étages*

c) Find out what his/her bedroom looks like. *qu'est-ce que c'est ta chambre*

d) Say that the bathroom is upstairs on the right, opposite your bedroom. *la salle de bains c'est en haut et la droite en face de ma chambre*

e) Say that to help your parents, you tidy and hoover your bedroom on Saturdays. *pour aider mes parents dans la maison je tidy + hoover ma chambre on samedi*

Where I live

Hints

1 Reading passages may be taken from newspapers and magazines. Go through them from time to time and get used to abbreviations like **s. de b., cuis.** The key words are **louer**, **meublé** and **plein**. Refer to a dictionary if necessary.

The key words here are **vendre**, **pavillon**, **débarras**, **prox.** What do they mean?

2 By reading the questions, you know that you will have to listen out for a colour, some furniture and some directions. Be ready to pick them up!

3 It is time to use the sentences given in *Improve your knowledge* and to ask questions! Use simple questions like: *Where* is your town? *Where* is your house located? *What* is your town/house/bedroom like? *What* is there to do in your town?

4 If you look back through this unit, you will find elements to help you supply an answer for each of these questions. Prepare the answers thoroughly as you will definitely come across them during your GCSE exam.

5 *Find out* implies that you have to ask a question. Make sure you recognise the key words like *How many? What... like?* and use them to start your question. Being able to ask questions – spoken and written – is an absolute **must** for GCSE.

Answers

My daily routine

10 minutes

1 Lisez le texte suivant et répondez aux questions en français. (*Read the following text and answer the questions in French.*)

> Le matin, Sylvie se lève vers 7h30. En général, elle est prête à 8h15. Elle prend son cartable et va au collège à pied. Les cours finissent à 17 heures. Ensuite, elle fait ses devoirs ou elle sort avec ses copines.

a) À quelle heure est-ce que Sylvie se lève? <u>sept heure et demain</u>

b) Comment elle va au collège? <u>a pied</u>

c) À quelle heure se terminent les cours? <u>a dix sept heures</u>

2 Écoutez le disc compact et remplissez le tableau en français. (*Listen to the CD and fill in the table in French.*)

(9)

	activités samedi	activités dimanche
matin	voir au centre commercial et faire les course avec...	il dors par le plupart
après-midi	jouer au foot avec des amis	fais mes devoirs

3 Mettez le verbe entre parenthèses à la forme qui convient. (*Put the verb given in brackets into the appropriate form.*)

a) Nous _____ à 8 heures tous les matins. (se lever)

b) Les cours _____ à 17 heures. (se terminer)

4 How would you say the following in French? Now answer the questions!

a) What time do you wake up and get up in the morning?

b) In your spare time, what do you do?

If you got them all right, skip to page 22

My daily routine

Improve your knowledge

20 minutes

1 Make sure you know how to ask the time:

> Quelle heure est-il? Il est... *What time is it? It is...*

and make sure you can ask at what time something is happening:

> **À** quelle heure est-ce qu'il vient? Il vient **à**... *At what time is he coming? He is coming at...*

2 Learn these important expressions: le matin (*the morning*), l'après-midi (*the afternoon*) and le samedi (**on Saturday**), le dimanche (**on Sunday**).

3 Look at these pairs of verbs:

> laver (*to wash*)   se laver (*to wash oneself*)
> lever (*to lift*)   se lever (*to get up*)

As you can see, they look similar but the meaning is quite different! When you speak about your daily routine, you will use the following verbs:

> se réveiller (*to wake up*)
> se lever (*to get up*)
> se laver (*to wash oneself*)
> se coucher (*to go to bed*)

These verbs are called *reflexive verbs* (verbes pronominaux). This is how a reflexive verb looks in the present tense:

se laver

je **me** lave	*I wash myself*
tu **te** laves	*you wash yourself*
il **se** lave	*he washes himself*
elle **se** lave	*she washes herself*
nous **nous** lavons	*we wash ourselves*
vous **vous** lavez	*you wash yourselves*
ils **se** lavent	*they wash themselves*
elles **se** lavent	*they wash themselves*

4 Here are some useful phrases for writing and speaking about your daily routine.

Le matin, je me réveille à...	*In the morning, I wake up at...*
Le soir, je me couche à...	*In the evening, I go to bed at...*
Je prends mon petit déjeuner/ déjeuner/dîner	*I have my breakfast/ lunch/dinner*
Je trouve ma routine intéressante fatigante ennuyeuse	*My routine is interesting tiring boring*
Quand je rentre de l'école je joue au football je fais mes devoirs je regarde la télé	*When I come back from school I play football I do my homework I watch TV*
Je vais à l'école à pied/à vélo	*I walk/cycle to school*
Je prends le bus/le train	*I take the bus/the train*

Now learn how to use this knowledge

Use your knowledge

20 minutes

1 Lisez la lettre suivante. (*Read the following letter.*)

Hint 1

> Salut!
>
> Tu veux connaître le déroulement de ma semaine? C'est affreux! Il faut toujours se dépêcher. Je dois me lever de bonne heure pour aller à l'école et je déteste ça! J'habite dans la banlieue: je dois donc prendre le bus le matin et en fin de journée. Quand je rentre de l'école, je suis fatiguée. Je me repose un peu avant de faire mes devoirs et ensuite je dois aider maman à préparer le dîner. On regarde les informations ensemble, je lis un peu et je me couche vers 22h00. J'adore le mercredi et le week-end car je peux dormir plus et me coucher plus tard. Le week-end, j'ai beaucoup de choses à faire, des choses plus intéressantes que les devoirs!
> Et toi, comment se passe ta semaine? Donne-moi des détails!
>
> Amicalement,
>
> Sylvie.

a) Vrai ou faux? Cochez la bonne case et corrigez les réponses qui sont fausses. (*True or false? Tick the right box and correct the wrong answers.*)

	vrai?	faux?	bonne réponse
Elle aime sa semaine.		✓	affreux
Elle déteste se lever tard.		✓	je déteste ça / je dois me lever de bonne heure
Elle habite à l'extérieur de la ville.		✓	J'habite dans la banlieue
Le soir, elle aide sa mère.	✓		préparer le dîner
Elle regarde la télé avec sa famille.	✓	✓	informations ensemble
Le week-end, elle s'ennuie.		✓	beaucoup de choses à faire

b) Répondez à Sylvie! (*Reply to Sylvie!*)

Hint 2

Bonjour Sylvie!

Moi, ma semaine est superbe! ...

2 Écoutez le disc compact et remplissez l'agenda d'Emmanuelle.
(*Listen to the CD and fill in Emmanuelle's diary.*)

(10)

SAMEDI 14 JUILLET

Matin: 9.30 h *allez chez les coiffeurs*

10.10h *rendezvous avec paul*

Midi: 12.00h *restaurant pour manger*

Après-midi: 2.00 h *faire les courses au supermarche*

4.00 h *sportif ave les copains*

Soir: 8.00 h *concert en plein air de*

10.00h *promenade au bord de la rivière*

3 How would you answer the following questions in French?

Hint 3

a) A quelle heure est-ce que tu te réveilles?

b) A quelle heure prends-tu ton petit déjeuner/déjeuner/dîner?

c) Comment vas-tu à l'école?

d) Que fais-tu après l'école?

4 You are talking about your routine with your French penfriend.

Hint 4

a) Say that you have to go to school by bus.

b) Say that you get up at 7.15am and go to bed at 10.00pm.

c) Find out what he/she does during his/her free time

d) Say that you find your weekdays boring.

Hints and answers follow

My daily routine

Hints

1. a) The key words are **affreux**, **de bonne heure**, **la banlieue**, **aider**, **les informations** and **intéressantes**. Do you know them all? If not, check in a dictionary.

   In this text, **on** means *we, the whole family*.

   Do you recognise the structure **plus... que**?

   b) The tone of the letter is given to you: **superbe**. You'll need to use suitable vocabulary like **intéressante**, **j'aime bien**, **j'adore** and so on. Describe your daily routine: how you go to school, what you think about your school, teachers and subjects, what you do during your free time, etc.

2. If you look at Emmanuelle's diary carefully before you listen to the CD you know that you will hear information about her activities during the morning, at lunchtime and in the afternoon and evening. Writing down the time should not be a problem. Use your common sense too: what might she be doing at lunchtime?

3. The only difficulty should be with the first question. You need to use the **je** form of the reflexive verb. All the information is in this unit. Check back if you need to!

4. *To have to* or *must*: how do you express this idea in French? How will you express the difference between a.m. and p.m.?

Answers

1 faux (c'est affreux); faux (déteste se lever de bonne heure); vrai; vrai; faux (elle a beaucoup de choses à faire) b) Refer to the model letter. 2 9H30 = coiffeuse, 10H30 = rendez-vous avec Paul, 12h = déjeuner, 14H15 = faire les courses, 16h = activités sportives, 20h = concert, 22h = spectacle nocturne 3 a) Je me réveille à... b) Je prends mon petit déjeuner, etc. c) Je vais à l'école à pied/à vélo. d) Après l'école, je rentre à la maison/je joue avec mes copains/je fais mes devoirs. 4 a) Pour aller à l'école, je dois prendre le bus. b) Je me lève à 7H15 et je me couche à 22h. c) Pendant ton temps libre, que fais-tu? d) Je trouve ma semaine ennuyeuse.

School life

10 minutes

1 Lisez le texte suivant et donnez les bonnes informations. (*Read the following text and give the correct information.*)

> Je suis élève au Collège Prévert. Mon collège est vieux et assez petit. Il y a trois étages avec neuf salles de classe à chaque étage. Le terrain de sport est à dix minutes à pied du collège.

a) Description du collège:

b) Nombre total de salles de classe:

2 Écoutez le disc compact. Vrai ou faux? Cochez la bonne case et corrigez les réponses qui sont fausses. (*Listen to the CD. True or false? Tick the right box and correct the wrong answers.*)

(11)

	Vrai?	Faux?	bonne réponse
Elle est en 3ème.	✓		*bien les etudes*
Elle déteste les maths.		✓	*elle matiere prefere ;! aimo bien les profs*

3 Look at the example and answer the questions below in the same way.
Example: *Tu aimes l'histoire? Non, je **n'**aime **pas** l'histoire.*

a) Vous détestez le français? Non, nous…

b) Elles trouvent le prof de sport gentil? Non, elles…

4 How would you say the following in French?

a) In which year are you?

b) Where is your school located?

c) Which subjects do you like and dislike?

Answers

1 a)vieux et assez petit; b)27 **2** faux (4ème); faux (elle aime les maths) **3** a) Nous ne détestons pas le français; b) Elles ne trouvent pas le prof de sport gentil. **4** a) En quelle classe es-tu? Je suis en… b) Où est située ton école? Mon école est… c) Quelles matières tu aimes?/ tu n'aimes pas? J'aime bien… mais je n'aime pas…

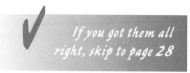

If you got them all right, skip to page 28

25

School life

Improve your knowledge

20 minutes

1 Did you know that...

- **la rentrée** is an expression which refers to the beginning of the new academic year.

- In the **collège**, pupils are between 11 and 15 years old. The school years are as follows: la sixième (*Year 8*), la cinquième (*Year 9*), la quatrième (*Year 10*), la troisième (*Year 11*). At the end of the last year, pupils take an exam called **le brevet des Collèges** (roughly equivalent to GCSE).

- In the **lycée**, pupils are between 15 and 18 years old. The course lasts 3 years and the name of each year is as follows: la seconde , la première, la terminale. At the end of the year, pupils take an exam called **le baccalauréat** (roughly equivalent to A level).

- One important difference between the English and French education systems is that, in France, pupils may have to repeat a class if they are not considered good enough. This is called **redoubler une classe** (repeating a year). This can happen at any stage of schooling!

- Traditionally, French pupils go to school on Monday, Tuesday, Thursday and Friday from 9am to 4.30pm in primary school, and from 8.30am to 5pm in secondary school. Secondary school pupils also work on Wednesday mornings and on Saturday mornings from 9am to midday. This is changing! Some schools prefer to shorten the holidays in order not to work on Saturday mornings.

2 Make sure you know the words for the different school subjects: le français (*French*), l'allemand (*German*), l'anglais (*English*), l'histoire (*history*), la géographie (*geography*), les maths (*maths*), l'éducation physique (*P.E.*), la biologie (*biology*), la physique (*physics*), le dessin (*art*).

3 When you want to say *I don't*, use **ne...pas** as follows:

I don't eat	je **ne** mange **pas**
I don't have any homework	je **n'**ai **pas** de devoirs

4 Here are some useful phrases for writing and speaking about your school.

J'adore…	*I adore…*
J'aime…	*I like…*
Je déteste…	*I hate…*
Mes matières préférées sont…	*My favourite subjects are…*
Mon prof est sympa/sévère	*My teacher is friendly/strict*

✔ *Now learn how to use this knowledge*

School life

Use your knowledge

1 a) Lisez la lettre suivante et répondez aux questions en français.
(*Read the following letter and answer the questions in French.*)

> Salut! Merci pour ta lettre. J'espère que tu vas bien. Comment
> est ton collège? Le mien est superbe! C'est un bâtiment moderne
> à deux étages. Il y a même un ascenseur! Les cours commencent
> à 8h30 et finissent à 5h. Le matin et l'après-midi, il y a une
> récréation de 15 minutes. Le mercredi, il n'y a pas d'école.
> Alors je vais au club de dessin avec mes copines. Les profs sont
> sympas et il n'y a pas trop de devoirs à faire le soir. Je
> m'amuse beaucoup dans mon collège. Et toi?
>
> Réponds-moi vite!
>
> Sylvie.

1) Comment est le collège de Sylvie?
2) À quelle heure commencent et finissent les cours?
3) Que fait-elle le mercredi? Pourquoi?
4) Comment trouve-t-elle les profs?
5) Que pense-t-elle de son collège?

b) Écrivez une lettre à Sylvie: décrivez votre collège. (*Write a letter to Sylvie describing your school.*)

> Salut Sylvie!
> J'ai bien reçu ta lettre. Ton collège est chouette! Moi, mon
> collège est...

2 Écoutez le disc compact et remplissez le bulletin scolaire. (*Listen to the CD and fill in the school report.*)

Hint 2

⑫

Bulletin scolaire

Nom: Durand   **Prénom**: Nadine

Date de naissance: _28 Avril 1982_

Classe: _4 ème_

matières étudiées: **notes**:

- _français_   _15_ /20
- _maths_   _14_ /20
- _histoire_   _10_ /20
- _géographie_   _9_ /20
- _anglais_   _18_ /20
- _français_   _12_ /20
- _sport_   _16_ /20

passe en classe supérieure/ redouble: _supérieure_

3 How would you answer the following questions in French?

Hint 3

a) A quelle heure commencent/finissent tes cours? _____

b) Quelles matières est-ce que tu étudies? _____

c) Tu es membre d'un club? Lequel? _____

d) Il y a beaucoup de devoirs à faire? _____

e) Comment trouves-tu ton collège? _____

4 You are speaking to your French penfriend and both of you are comparing schools. Follow the instructions.

Hint 4

a) Say that there are 200 pupils and 25 teachers in your school.

b) Find out which subject and teacher he/she likes and dislikes.

c) Say that you don't have too much homework.

d) Find out which days of the week he/she has to go to school.

e) Find out which year he/she is in.

Hints and answers follow

School life

1   Remember that the questions usually follow the order of the text. This makes it easier for you to locate the answers.

2   This passage is about a school report. So you know in advance what you can expect to hear: subjects, marks, comments on Sylvie's progress.

3   The questions are about your school and your opinions. When you reply, do not forget to change **tu, ton/ta/tes** for **je, mon/ma/mes.** What do **matières** and **être membre d'un club** mean? **Je trouve** is a useful phrase for expressing your opinion.

4   *There is/there are* is a very useful and common expression. What is it in French? Do you remember how to say *has to/have to*? *Which* followed by a noun is **quel**. It will change its ending according to the word placed after it: **quel, quels** (masc. sing./masc. plural) or **quelle, quelles** (fem. sing./fem. pl.). You must always pay attention to the rules of agreement!

Answers

1 a) 1) moderne avec deux étages et un ascenseur 2) 8H30; 17H 3) club de dessin parce qu'il n'y a pas d'école 4) sympas 5) elle aime son collège, elle s'amuse b) vieux/moderne/grand /petit; il y a...; étages; les cours commencent à... et terminent à...; les profs sont.... **2** 28 Avril 1982; 4ème; français = 15; maths = 14; histoire = 10; géographie = 9; anglais = 18; sciences = 12; sport = 16; passe **3** a) Mes cours commencent à... et finissent à... b) J'étudie... c) Non/Oui, je suis membre du club de dessin, etc. d) Oui, j'ai beaucoup de devoirs. e) J'aime bien mon collège, c'est sympa/je déteste le collège, c'est ennuyeux. **4** a) Il y a deux cents élèves et vingt-cinq professeurs dans mon école. b) Quelles matières et quels professeurs tu aimes/n'aimes pas? c) Je n'ai pas trop de devoirs. d) Quels jours de la semaine tu dois aller à l'école? e) Tu es en quelle classe?

30

Hobbies and pastimes

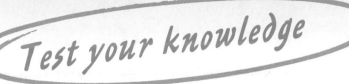

Test your knowledge

10 minutes

1 Lisez la lettre suivante et répondez aux questions.
(*Read the following letter and answer the questions.*)

> Lyon, le 12 mai
>
> Cher Pierre
> Aujourd'hui je suis très fatigué parce que j'ai passé le matin à jouer au football. Après cela, je suis retourné chez moi et j'ai regardé la télévision avec mon frère.
>
> Amitiés,
> Luc

a) Le matin, qu'est-ce que Luc a fait?

b) Qu'est-ce qu'il a fait chez lui?

2 Écoutez la conversation entre Jean et Céline. Vrai ou faux? Cochez la bonne case. (*Listen to the conversation between Jean and Céline. True or false? Tick the correct boxes.*)

13

	Vrai?	Faux?
a) Céline déteste les ordinateurs.		✓
b) Jean aime beaucoup le sport.		✓

3 Rewrite the following sentences so that the action is happening in the past. Start each sentence with the words in brackets.

e.g. Je mange un grand repas. (*La semaine dernière*)
La semaine dernière j'ai mangé un grand repas.

a) Je joue au football. (*Hier*)

b) Nous finissons notre projet. (*Le weekend dernier*)

Answers

1 a) Il a joué au football. b) Il a regardé la télévision. 2 a) faux b) faux 3 a) Hier j'ai joué au football. b) Le weekend dernier nous avons fini notre projet.

If you got them all right, skip to page 34

31

Hobbies and pastimes

Improve your knowledge

20 minutes

1 You will have noticed that exercise 1 on the previous page contains a construction which is known as the **perfect tense**. The perfect tense is used to describe an event which is in the past i.e. it *has happened* whether it was yesterday, last week or at some other time in the past. Look at these examples:

> **I see** a cat in the garden.   (It is happening **now**.)
> **I saw** a cat in the garden.   (It happened in the **past**.)

In French, the perfect tense is made up of two parts:

- the correct form of **avoir** or **être**. (*to have* or *to be*)
- **the past participle** (Don't panic! See below) of the verb.

e.g. J'ai mangé   *I ate.*
     Elle a choisi un livre. *She chose a book.*

verb	past participle
(1) manger	mangé
(2) finir	fini
(3) vendre	vendu

(1) Other verbs which end in **er** follow the same pattern. These verbs include regarder (*to watch*) and jouer (*to play*).

(2) Other verbs which end in **ir** also follow the same pattern. These verbs include choisir (*to choose*) and réussir (*to succeed*).

(3) Other verbs which end in **re** follow the same pattern. These verbs include attendre (*to wait*) and descendre (*to go down*).

2 This listening comprehension contains examples of what people do in their spare time. The most common construction used here is **j'aime** followed by whatever it is you like doing.

> e.g. J'aime jouer à l'ordinateur. (*I like playing on the computer.*)
>   J'aime écouter des disques. (*I like listening to records.*)

If you want to say that you spend time doing something, then you can use the verb **passer... à**.

e.g. Je passe le soir à regarder la télévision.
(*I spend the evening watching television.*)

e.g. Je passe le matin à faire la vaisselle.
(*I spend the morning doing the washing-up.*)

3 Here are some useful phrases for writing and speaking.
They will help you describe what you did yesterday or last week.

La semaine dernière... | *Last week...*
j'ai rendu visite à mes amis | *I visited my friends*
j'ai travaillé dans le jardin | *I worked in the garden*

Hier... | *Yesterday...*
j'ai lu un livre | *I read a book*
j'ai joué au football | *I played football*
j'ai joué au tennis de table | *I played table tennis*
j'ai joué à l'ordinateur | *I played with the computer*

Le week-end dernier... | *Last weekend...*
j'ai choisi un cadeau pour ma soeur | *I chose a present for my sister*
j'ai regardé un film policier | *I watched a detective film*
j'ai regardé un film d'horreur | *I watched a horror film*

✔ *Now learn how to use this knowledge*

Hobbies and pastimes

Use your knowledge

20 minutes

1 Lisez le texte ci-dessous qui décrit comment Jean a passé la soirée d'hier. (*Read the text below which describes how Jean spent yesterday evening.*)

Hint 1

> Hier soir j'ai rendu visite à mon camarade de classe et nous avons regardé un film policier à la télévision. Le film a fini à huit heures et nous avons décidé de jouer aux échecs. Mon ami a bien joué et il a gagné la partie.

Répondez aux questions en français. (*Answer the questions in French.*)

a) Qu'est-ce que Jean et son ami ont fait hier soir?

b) Le film a fini à quelle heure?

c) Qu'est-ce qu'ils ont fait après le film?

2 Écoutez maintenant Séverine qui décrit ce que ses amis ont fait la semaine dernière. Remplissez les blancs avec les détails nécessaires. (*Now listen to Séverine who is describing what her friends did last week. Fill in the blanks with the necessary details.*)

Hint 2

14

Qui?	Qu'est-ce qu'ils ont fait? (*What did they do?*)
Martine	visite ses amis
Michelle	a joué au basket
Kevin	repare son velo

3 In the following exercise, André is describing what he did yesterday. Fill in the gaps with the correct form of the verb in the **perfect tense**.

Hier j'ai (rendre visite à) _____ mes

grands-parents qui habitent près de chez moi. L'année

dernière, ils ont (vendre) _____ leur maison et

maintenant ils habitent un appartement très joli. Pour mon

grand-père j'ai (acheter) _____ une cravate et

pour ma grand-mère j'ai (choisir) _____ des fleurs.

Chez mes grands-parents nous avons (préparer) _____

un grand repas et dans l'après-midi, nous avons

(regarder) _____ la télévision.

Hint 3

4 Qu'est-ce que vous avez fait la semaine dernière? (*What did you do last week?*) Using the expressions you have already come across, fill in the grid below with details of what you did last week. Don't forget to use the correct tense!

Hint 4

lundi	vendredi
mardi	samedi
mercredi	dimanche
jeudi	

5 How would you say the following in French?
a) What did you do last week?
b) What did you do yesterday?
c) Yesterday I played on the computer.
d) Last week I visited my friends.

Hint 5

✓ *Hints and answers follow*

Hobbies and pastimes

1 a) Don't forget to answer the question using the same tense. If
      something has just happened, or happened at some point in the
      past, then always use **the perfect tense**.

   b) Make sure that you know what each question is asking. What
      does **à quelle heure** mean?

2 Make sure that you use the correct tense when you are answering
   the questions. Check how you form the perfect tense again, if you
   need to.

   When describing what Martine or Kevin did, how are you going to
   form the verb? Are you going to use the **il** or **nous** form? Which
   one?

3 How do you say what you did yesterday using the perfect tense?
   What two elements do you need to form the perfect tense? What
   happens to verbs which end in **er**? What about **ir** and **re** verbs?

4 Use your imagination with this kind of exercise. Describe activities
   for which you already know the vocabulary.

5 What are the French words for *what*, *yesterday* and *last week*?
   These are key words which you will use frequently, so make sure
   that you know how to spell the French equivalents.

Answers

1 a) Ils (Jean et son ami) ont regardé un film policier. b) Le film a fini à huit heures. c) Ils ont
joué aux échecs. 2 Martine a rendu visite à ses amis; Kevin a réparé son vélo. 3 rendu visite
à; vendu; acheté; choisi; préparé; regardé. 4 À vous de choisir! (*Your choice!*) 5 a) Qu'est-ce
que tu as fait la semaine dernière? b) Qu'est-ce que tu as fait hier? c) Hier j'ai joué à
l'ordinateur. d) La semaine dernière j'ai visité mes amis.

36

Where is...?

Test your knowledge

1 Qu'est-ce que c'est? *Do you know what the following places are in English?*

a) la gare routière

b) l'hôtel de ville/la mairie

c) la piscine

d) le syndicat d'initiative

2 Écoutez la description d'une ville française. Vrai ou faux? Cochez la bonne case. (*Listen to the description of a French town. True or false? Tick the correct box.*)

15

	Vrai?	Faux?
a) La ville est loin de la côte.		✓
b) Il y a seulement trois magasins.	✓	

3 In the following exercise, change the sentences so that the action is happening in the past.

e.g. Je vais au cinéma. → Je suis allé(e) au cinéma.

a) J'arrive à deux heures.

b) Nous sortons de la maison.

Answers

1 a) bus station b) town hall c) swimming pool d) tourist information office. **2** a) faux b) vrai **3** a) Je suis arrivé(e) à deux heures. b) Nous sommes sorti(s)(es) de la maison.

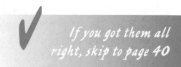

If you got them all right, skip to page 40

Where is...?

Improve your knowledge

20 minutes

1 Make sure that you know the following key words:

le jardin public *park*
l'église *church*
les magasins *the shops*
le marché *market*
le quartier *district*
le centre commercial *shopping centre*
le syndicat d'initiative *tourist information centre*

la gare routière *bus station*
la mairie/l'hôtel de ville *town hall*
la piscine *swimming pool*
la bibliothèque *library*
le commissariat *police station*

2 The expression **près de** means *near to*. **Loin de** means *far from*.
The word **de** changes according to the word that follows it.
Look at the table below.

	changes to:	example:
de + le	du	près du marché
de + la	de la	loin de la piscine
de + les	des	près des magasins

3 Do you remember in 'Hobbies and pastimes' how we described an event in the past?

e.g. **J'ai mangé** à deux heures. (*I ate at two o'clock.*)

There are some verbs which use **être** and not **avoir** with the past participle. The most common ones are listed below (past participles in brackets):

arriver (arrivé) *to arrive*
partir (parti) *to leave*
aller (allé) *to go*
entrer (entré) *to enter*
venir (venu) *to come*
retourner (retourné) *to return*
sortir (sorti) *to go out*

tomber (tombé) *to fall*
descendre (descendu) *to go down*
monter (monté) *to go up*
naître (né) *to be born*
mourir (mort) *to die*
rester (resté) *to stay*
devenir (devenu) *to become*

e.g. **Il est allé** à la gare.

But look what happens if the person who went to the station is a girl.

Elle est allée à la gare.

There is an extra **e** on the past participle if the person doing the action is female. And if the people doing the action are all male then you must add an extra **s** to the past participle.

Ils sont entrés dans la salle.

And if the people doing the action are all female then you must add an extra **es** to the past participle.

Elles sont entrées dans la salle.

Remember that if *you* are a girl and you want to say, for example, *I stayed at home*, you must add an extra **e** to the past participle: **je suis restée** chez moi.

Where is...?

Use your knowledge

1 Regardez la carte ci-dessous. (*Look at the map below.*)

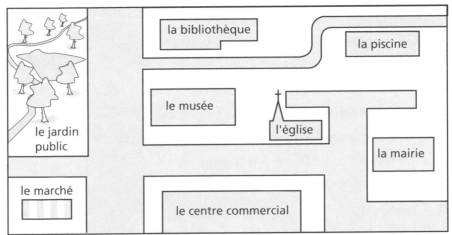

la bibliothèque

la piscine

le musée

l'église

le jardin public

la mairie

le marché

le centre commercial

Vrai ou faux? Lisez les phrases suivantes et cochez la bonne case.
(*True or false? Read the following statements and tick the correct box.*)

Hint 1

	Vrai?	Faux?
a) L'église est à côté de la mairie.	☐	☐
b) Le marché est devant la piscine.	☐	☐
c) Le jardin public se trouve en face du musée.	☐	☐
d) Le centre commercial est près de l'église.	☐	☐

2 Now listen to Serge who wants to know where the town hall is.
Unfortunately, the people he asks all give different advice! Write
down in English the various answers he gets:

(16)

Person A: near the swimming pool

Person B: opposite the bus station

Person C: near the public garden (next to)

Person D: in front of tourist information

Hint 2

3 Change the following sentences so that they are all in the **perfect tense**.

a) Sophie arrive à la gare à deux heures.

Hint 3

b) Ils partent pour aller au cinéma.

c) Je (*masculine*) retourne chez moi.

d) Tu (*feminine*) tombes de ton vélo.

e) Elles viennent de France.

f) Il entre dans la salle.

4 How would you say the following in French?

Hint 4

a) Where is the museum?

b) Where is the tourist information office?

c) The swimming pool is behind the market.

d) The bus station is near the shopping centre.

e) The park is opposite the museum.

5 Using the map on page 40, answer the following questions in French.

Hint 5

a) Où se trouve le centre commercial?

b) Où est la piscine?

c) J'essaie de trouver le jardin public, où se trouve-t-il?

Hints and answers follow

Where is...?

1 Which words tell us where something is? What does each one mean?

2 Remember to listen out for key words, in this case, names of buildings and words which describe where the building is. Don't try to understand every single word on the CD. Concentrate on extracting the key information.

3 What is different about these verbs when they are put into the perfect tense? Which part of **être** must be used in each sentence? What happens to the endings of the past participles?

4 What happens when **de** and **le** are written together? And **de** and **les**? (And **de** and **la**?!)

5 When you want to say where something is situated, try using, for example, *l'église **se trouve**...* or *l'église **est située**...* Both these constructions are more complex than simply using **être** and will get you extra marks in your exam!

Answers

1 a) faux; b) faux; c) vrai; d) vrai! 2 Person A: near the swimming pool; Person B opposite the bus station; Person C next to the park; Person D in front of the tourist information office 3 a) Sophie est arrivée... b) Ils sont partis... c) Je suis retourné... d) Tu es tombée e) Elles sont venues... f) Il est entré... 4 a) Où est le musée? b) Où est le syndicat d'initiative? c) La piscine est derrière le marché. d) La gare routière est près du centre commercial. e) Le jardin public est en face du musée. 5 a) Il se trouve en face du musée/en face de l'église/près de la mairie/à côté du marché. b) Elle est en face de la mairie/près de la bibliothèque. c) Il se trouve en face du musée/près du marché.

42

A kilo of tomatoes

Test your knowledge

10 minutes

1 Regardez les images et écrivez le nom des magasins.
(*Look at the pictures and write down the names of the shops.*)

a) _____ b)_____ c)_____ d)_____

2 Écoutez le disc compact et complétez la liste des courses de Salma.
(*Listen to the CD and fill in Salma's shopping list.*)

17

Liste des courses

À acheter: Quantité:

a) ~~roto~~ lait   deux litre

b) ~~Pate~~ nure   ~~200 50~~ F in pocket

3 Quelle heure est-il? (*What time is it?*)

a) Il est…   b) Il est…

4 Combien ça coûte? (*How much is it? Write the number out in full.*)

a) **76F**: ça coûte _____ francs.

b) **98F**: ça coûte _____ francs.

5 How would you say the following in French?
a) How can I help you?
b) At what time does the shop close/open?
c) How much is it?

Answers

ferme/ouvre le magasin? c) C'est combien?
b) 98 quatre-vingt-dix-huit **5** *a) Vous désirez? b) À quelle heure*
b) huit heures moins le quart **4** *a) 76 soixante-seize*
2 *a) lait; deux litres b) sucre; un paquet* **3** *a) six heures et quart*
1 *a) la boucherie b) la boulangerie c) la poste d) le kiosque*

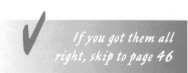

If you got them all right, skip to page 46

43

A kilo of tomatoes

Improve your knowledge

20 minutes

1 When talking about shopping, you use **chez** for the shopkeeper and **à** for the shop.

	chez	**à**
baker	le boulanger (la boulangère)	la boulangerie
butcher	le boucher (la bouchère)	la boucherie
grocer	l'épicier (l'épicière)	l'épicerie

So *I am going **to the bakery*** will be je vais **à la boulangerie** and *I am going **to the baker's*** will be je vais **chez le boulanger**.

2 When talking about **quantity**, remember that the word for *some* (**de**) varies according to the gender and number of the noun.

- *some bread*   **du** pain   (**le** pain)
- *some meat*   **de la** viande   (**la** viande)
- *some water*   **de l'**eau   (**l'**eau)
- *some oranges*   **des** oranges   (**les** oranges)

3 When telling the time, French people do not use a.m. and p.m. They use the 24-hour clock. So, 9am is **neuf heures** and 9pm is **vingt et une heures**.

midi *12pm*
minuit *12am*
et quart *a quarter past*
et demie *half past*
moins le quart *a quarter to*

Learn this

4 On the CD, you can listen to the numbers from 1 to 100. When writing numbers down, pay attention to the following changes:

1

20 vingt
80 quatre-vingts   **but**   81 quatre-vingt-un   90 quatre-vingt-dix

100 cent
200 deux cents   **but**   201 deux cent un

1000 mille

a dozen une douzaine
a fortnight une quinzaine, quinze jours

5 Here are some useful phrases for writing and speaking. They will help you to shop and to explain your preferences.

Je voudrais.../j'aimerais...	*I would like...*
J'aime bien faire les courses dans les supermarchés/petits magasins parce que...	*I like shopping in the supermarkets/shops because...*
c'est pratique	*it is convenient*
il y a plus de choix	*there is more choice*
il y a de la musique	*there is music*
ce n'est pas cher	*it's not expensive*
c'est plus amical	*it is more friendly*
Les avantages/inconvénients sont...	*The advantages/disadvantages are...*

Now learn how to use this knowledge

A kilo of tomatoes

Use your knowledge

20 minutes

1 Lisez la lettre suivante et répondez aux questions en français.
(Read the following letter and answer the questions in French.)

> Salut!
>
> Je t'envoie un plan de ma ville. Le centre-ville est assez grand et il y a beaucoup de magasins. On trouve de tout dans ma ville! Moi, j'aime bien faire les courses dans les petits magasins. Les supermarchés, c'est pratique, c'est bon marché mais il n'y a pas la qualité. Dans les petits magasins, c'est plus cher mais c'est plus sympa et amical. Et toi, qu'en penses-tu? Envoie-moi un plan de ta ville.
>
> Sylvie.

a) Comment est le centre-ville?

b) Quels sont les avantages et les inconvénients des supermarchés?

c) Quels sont les avantages et les inconvénients des petits magasins?

d) Où fait-elle ses courses?

2 Répondez à la lettre de Sylvie. Utilisez les points suivants.
(Answer Sylvie's letter and include the following points.)

- description du centre ville
- où fais-tu tes courses?
- pourquoi?

(Hint 1)

> Chère Sylvie,
>
> Merci pour le plan de ta ville. Je t'envoie moi aussi le plan
>
> de ma ville...

3 Écoutez le disc compact et remplissez le bon de commande du catalogue *La Redoute*. (*Listen to the extract on the CD and then fill in the order form from* La Redoute's *catalogue.*)

(18)

Hint 2

BON DE COMMANDE

Nom: Guémard
Prénom: Annie
Adresse: 10, rue des Jardins
Ville: Laval (53)
Tel: 02/23/43/54/72

	Articles	Quantité	Prix	Taille	Référence
a)	boud closette	1	24 F	38	RS200
b)	robe	1	150 F	40	BG843
c)	verte	2	+250 F (500 F) 250 F	36	OE 164
d)	poire de colloon	3	x3 306 F	42	CE 542

4 How would you answer the following questions in French?

a) Quel est ton vêtement préféré?

b) Quelle est ta taille?

c) Il y a beaucoup de magasins dans ta ville? Lesquels?

d) Tu préfères les petits magasins ou les supermarchés?

Hint 3

5 Your French penfriend is taking you shopping in the city centre.

a) Say that you usually shop at the supermarket.

b) Ask for 2.5 kg of potatoes, a dozen eggs and a litre of milk.

c) Find out what he/she likes wearing and his/her favourite colour.

d) Say that it is too expensive and that you want something cheaper.

Hint 4

Hints and answers follow

A kilo of tomatoes

Hints

1 Concentrate on the main points: description of your town centre, where you go shopping and why. You will have to evaluate and compare. Use words like c'est (*it is*), mais (*but*), parce que (*because*), plus/moins... que (*more/less... than*).

2 Obviously, you will hear clothes vocabulary but this exercise also involves writing down numbers and letters. If this is a problem, listen again to the beginning of the CD where you will find the numbers and the alphabet. Practise them until they become familiar.

3 **Quel** and **quelle** are the masculine singular and feminine singular forms of *which*. **Lesquels?** means *which ones?* You will also need to recognise other forms of *which one/s?*: **lequel, laquelle**; **lesquels, lesquelles**.

Taille means size; but is it for clothes or shoes? What's the other word? Look it up in a dictionary if you need to.

4 What are the French words for **usually, to wear, too**?

Cheaper: how will you express this idea?

Answers

quelque chose de moins cher.

1 a) assez grand avec beaucoup de magasins b) avantages = pratique, bon marché;
inconvénients = pas de qualité c) avantages b) avantages = plus sympa et amical; inconvénients = plus cher
d) dans les petits magasins 2 Use the letter as a model and refer to the useful phrases
on p.45. 3 a) chaussettes; 1 lot; 23F; taille 38, taille 40; BJ843
c) veste; 2; 250F; taille 36, taille 42; OE164 d) collants; 3; 36F; taille 42; CI541 4 a) Mon vêtement
préféré, c'est... parce que c'est pratique/confortable b) Ma taille est... c) Non/Oui; Il y a des
petits magasins, une boucherie, etc. d) Je préfère les petits magasins/centres commerciaux
parce que c'est bon marché/sympa... 5 a) En général, je fais les courses au supermarché.
b) Je voudrais 2,5 kilos de pommes de terre, une douzaine d'oeufs et un litre de lait.
c) Qu'est-ce que tu aimes porter? Quelle est ta couleur préférée? d) C'est trop cher. Je voudrais

48

I feel ill

10 minutes

1 Vous avez reçu une lettre de votre correspondant, Youssef. Lisez cet extrait de la lettre. (*You have received a letter from your penfriend, Youssef. Read this extract from his letter.*)

> Chère Kirsty
>
> Merci pour ta dernière lettre et j'espère que tout va bien pour toi. En ce moment je suis malade. J'ai mal à la tête et je suis enrhumé.

Now answer the following questions in English.

a) What is wrong with Youssef?

b) What are the symptoms?

2 Écoutez maintenant le dialogue entre un médecin et son client. Remplissez les blancs dans les phrases suivantes avec le mot correct. (*Listen to the conversation between a doctor and her patient. Fill in the blanks in the following sentences with the correct French words.*)

19

a) L'homme est tombé de son ___vélo___ .

b) Il s'est fait mal à ___la jambe___ .

c) Le médecin lui met ___pansement due___ .

3 How would you say the following in French? Write your answers down and say them out loud to practise the pronunciation.

a) I have a headache.

b) I am ill.

c) I have a temperature.

Answers

1 a) He is ill. b) He has a headache and a cold. 2 a) vélo
b) la jambe c) un pansement 3 a) J'ai mal à la tête. b) Je suis
malade. c) J'ai de la fièvre.

If you got them all right, skip to page 52

I feel ill

20 minutes

1 Make sure that you know the French words for the different parts of the body:

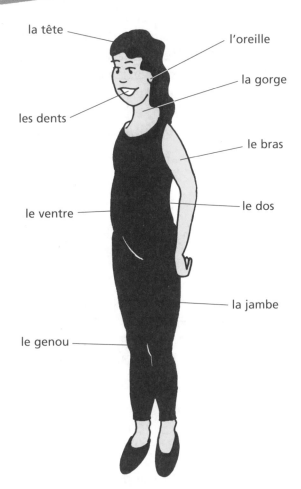

la tête
l'oreille
la gorge
les dents
le bras
le dos
le ventre
la jambe
le genou

If you want to say that something hurts, simply use the following construction: **J'ai mal à** + *the word for whatever is hurting!*

Remember, though, that **à** changes its form depending on the gender and number of the noun which follows.

e.g. J'ai mal à la tête   *my head hurts*
au ventre   *my stomach hurts*
à l'oreille   *my ear hurts*
aux dents   *my teeth hurt*

2 If you have hurt yourself in an accident, then you use the following construction:

e.g. Je me suis fait mal **à la** tête	*I have hurt my head*
Je me suis fait mal **aux** yeux	*I have hurt my eyes*
Je me suis fait mal **au** dos	*I have hurt my back*
Je me suis fait mal **à l'**oreille	*I have hurt my ear*

3 Here are some more useful phrases about illness and injury. *I am ill* in French is **je suis malade**. You might have a cold (**je suis enrhumé(e)**) or the flu (**la grippe**). If you need to tell a doctor that you have a high temperature, simply say **j'ai de la fièvre**. Asking the doctor whether something is serious is easy. Just say **C'est grave?** and raise your voice at the end of the sentence. (This use of intonation has the effect of turning a statement into a question.)

The doctor may give you a prescription, which is **une ordonnance** and, if you have cut yourself, he or she may even apply a dressing or plaster which is **un pansement**.

✓ *Now learn how to use this knowledge*

I feel ill

Use your knowledge

20 minutes

1 Votre ami, Olivier, ne vient pas à votre boum d'anniversaire. Lisez son excuse. (*Your friend, Olivier, cannot come to your birthday party. Read his excuse.*)

Hint 1

> Je suis vraiment désolé, mais je suis très malade en ce moment et je ne peux pas célébrer ton anniversaire avec toi. J'ai mal au ventre et aussi à la gorge. J'ai de la fièvre et je dois prendre beaucoup de médicaments.

Maintenant répondez aux questions suivantes:

a) Qu'est-ce qui ne va pas avec Olivier?

b) Quels sont les symptômes?

c) Qu'est-ce qu'il doit faire?

2 Fatima has had a very unfortunate day! Listen to her description of what happened to her and give full details in English in the grid below, saying what happened in the morning, the afternoon and the evening.

Hint 2

(20)	**morning**	tombe du lit mal au dos et bra fell out of bed hurt back and arm
	afternoon	mal a la tete tombe de la bicidette fell off bicicle hurt head
	evening	mal a la gorge je me suis enrhume got a cold and a sore throat

52

3 Vous êtes malade et vous laissez un petit message pour un(e) ami(e) français(e). (*You are ill and you leave a message for your French friend.*)

Écrivez 40 mots en français. Mentionnez:

Hint 3

- ce qui ne va pas (symptômes, *etc.*)
- ce que vous faites en ce moment
- ce que votre mère fait pour aider

Cher/Chère

4 You are at the doctor's. How would you tell him/her the following things in French?

Hint 4

a) My throat hurts.

b) My arm hurts.

c) My teeth hurt.

d) I have hurt my back.

e) I have hurt my ear.

Hints and answers follow

I feel ill

1 Olivier uses the **je** form because he is talking about himself. When *you* are talking about Olivier, will you still use the **je** form? And which part of **avoir** will you use to describe what is wrong with Olivier?

2 What are the French words which correspond to *morning*, *afternoon* and *evening*? Listen carefully for these words and, as soon as you hear them, pick out the key words you need for the relevant part of the grid.

3 Can you remember the difference between *my leg hurts* and *I have hurt my leg* in French? Check back to the two different constructions on pages 50 and 51 if you need to.

Don't forget that, if the instructions are written in the present tense, you must complete the task in the present tense as well.

4 What happens when **à** is immediately followed by **le**? And what about **la** or **les**?

If you get stuck with pronunciation, listen to the taped exercise (2) again and practise repeating the phrases out loud.

Answers

1 a) Il est malade. b) Il a mal au ventre et mal à la gorge. Il a aussi de la fièvre. c) Il doit prendre des médicaments. 2 morning: fell out of bed, hurt her back and her arm; afternoon: fell off her bike, hurt her head; evening: had a cold and a sore throat. 4 a) J'ai mal à la gorge. b) J'ai mal au bras. c) J'ai mal aux dents. d) Je me suis fait mal au dos. e) Je me suis fait mal à l'oreille.

I've lost my bag!

 Test your knowledge

 **10 minutes**

1 Qu'est-ce que c'est? Écrivez le nom des objets suivants. (*What is it? Write down the names of the following objects.*)

a)

b)

2 Écoutez la description d'un objet perdu. Remplissez les blancs. (*Listen to the description of a lost property item. Fill in the blanks.*)

(21)

a) objet perdu? _Sac a mains_   b) couleur? _maron_

c) taille? _petite_   d) contenu? _paire de lunettes_

3 Using the words in brackets, complete the beginning of a conversation between Sylvie and the man at the lost property office:

Sylvie: Bonjour, monsieur…
    (*perdu/sac-à-main*)
Employé: Pouvez-vous me décrire votre sac-à-main?
Sylvie: …
    (*cuir/marron/taille moyenne*)

4 How would you say the following in French?

a) Where is the lost property office?

b) What have you lost?

c) Can you describe it?

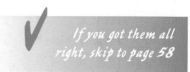 *If you got them all right, skip to page 58*

I've lost my bag!

Improve your knowledge

20 minutes

1 Here are some objects which frequently turn up at the lost property office!

un parapluie *umbrella*
des gants *gloves*
un porte-feuille *wallet*

un sac-à-main *handbag*
un porte-monnaie *purse*
une valise *suitcase*

2 In order to describe objects you will need to work on your vocabulary. Here are some useful words:

size	**shape**	**made of**
petit(e) *small*	rond(e) *round*	en cuir *leather*
grand(e) *big*	rectangulaire *rectangular*	en or *gold*
énorme *enormous*	carré(e) *square*	en argent *silver*
assez *quite*	triangulaire *triangular*	en plastique *plastic*

contents
des bijoux *jewellery*
une paire de lunettes *glasses*
un carnet d'adresses *address book*
un carnet de chèques *cheque book*
une carte bancaire *credit/debit card*
de l'argent *some money*
une clé *key*
une carte d'identité *identity card*
un permis de conduire *driving licence*

3 If you go to the lost property office, you will speak to someone you do not know. Remember to use the formal **vous** rather than the informal **tu**.

Both **tu** and **vous** mean *you*.

- **Tu** is used when you are speaking to a child or to someone with whom you are on familiar terms (friends, family, etc.)

- **Vous** is used
  - when you are talking to someone you don't know well and when you want to be formal
  - when you are talking to more than one person.

4 Here are some key phrases which will help you if you go to the lost property office:

J'ai perdu...	*I have lost...*
J'ai trouvé...	*I have found...*
J'ai vu/Je n'ai pas vu le voleur	*I saw/did not see the thief*
Remplissez la fiche de renseignements	*Fill in the form*
Où est le bureau des objets trouvés?	*Where is the lost property office?*
Je vais au commissariat	*I am going to the police station*
Revenez demain/après-demain	*Come back tomorrow/the day after tomorrow*

Now learn how to use this knowledge

I've lost my bag!

Use your knowledge

20 minutes

1 Lisez les petites annonces et cochez les bonnes réponses. (*Read the following advertisements and tick the right answers.*)

a) **Perdu** collier en or, valeur sentimentale, récompense assurée.

Hint 1

a silver/gold necklace/bracelet has been lost/found

b) **Trouvé** porte-monnaie avec contenu et deux clés.

a full/empty wallet/purse has been lost/found

2 Listen to the dialogue between Pierre and the woman at the lost property office. Answer the questions in English.

Hint 2

(22)

a) What has been stolen? son velo

b) Where had Pierre left it? pres de la pere entre le maison et post pres

c) When did the theft happen? Friday 11·00

d) Give a description of the object stolen. VTT leah tout terrain noir

3 Last weekend, you lost your wallet at the grocer's. You want to know whether the grocer has found it. Write him a note including the following information:

Hint 3

- you were in his shop last weekend
- you lost your wallet in his shop
- give a description of your wallet
- ask him to telephone you.

Monsieur,

4 You are at the lost property office. Follow the instructions.

a) Give your personal details to the officer.

b) Say that you lost your suitcase at the railway station.

Hint 4

c) Say that you were looking at some postcards and you did not see the thief.

d) Say that you will come back the day after tomorrow.

✓ *Hints and answers follow*

I've lost my bag!

Hints

1 Don't panic if you don't understand every word. Focus on the description of the objects: **collier**, **or**, **clés**, **contenu**.

2 There is another word for *bicyclette*. What is it?

Pierre talks about where he left his bike. Can you remember the different locations in a town? If not, check back to 'Where is… ?' on pages 37–42.

How do you say *yesterday*, *today* and *tomorrow*?

3 Be careful with the tenses here: which tense do you use to say what has happened to you? And to describe your wallet?

4 When you are asked about your personal details, give your name, address, phone number and date of birth. Which past tense will you use to express *lost*? Why?

Will you use the same past tense to say *were looking* and *didn't see*? Why?

I will come back is **je vais revenir** or **je reviendrai**. (See Units 11 and 14 for ways of talking about what *will* happen.)

Answers

1 a) gold; necklace; lost b) full; purse; found 2 a) a bike b) near the town hall, between the newsagent and the post office c) yesterday, Wednesday, at about 11o'clock d) black and purple, a brand new Raleigh mountain bike 4 a) Je m'appelle…; mon adresse est…; mon numéro de téléphone est; ma date de naissance est… b) J'ai perdu ma valise à la gare. c) Je regardais des cartes postales et je n'ai pas vu le voleur. d) Je reviendrai après-demain.

60

On holiday

Test your knowledge

10 minutes

1 Lisez la carte postale puis remplissez les blancs en français. (*Read the postcard and then fill in the blanks in French.*)

lieu de vacances:

_____

temps: _____

activités: a) _____   b) _____

> Salut Sarah!
>
> Ma famille et moi passons de très agréables vacances au bord de la mer. La plage est magnifique et il fait très chaud! C'est bien pour bronzer et faire de la planche à voile.
> Amitiés,
> Sylvie.

2 Écoutez Pierre qui parle de ses vacances. Répondez aux questions en français. (*Listen to Pierre speaking about his holidays. Answer the questions in French.*)

(23)

a) Où va-t-il passer ses vacances? *motagne*   b) Pendant combien de temps? *15 jour*

c) Avec qui? *Son famille*

3 *I am going to...* Look at the example given and then change the following sentences in the same way:

e.g. je **passe** quinze jours   → je **vais passer** quinze jours
       (*I am spending a fortnight*)   (*I am going to spend a fortnight*)

a) Nous passons nos vacances à la mer. → Nous _____ _____

b) Ils font de l'escalade. → Ils _____ _____ de l'escalade.

4 How would you say the following in French?

a) Where do you go on holiday?

b) What is the weather like?

Answers

b) Quel temps fait-il?
2 a) à la montagne b) 15 jours c) famille **3** a) Nous allons passer... b) Ils vont faire... **4** a) Où vas-tu en vacances?
1 au bord de la mer; chaud; a) bronzer b) planche à voile

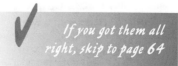

If you got them all right, skip to page 64

61

On holiday

Improve your knowledge

1 When writing or speaking about holidays, you will probably want to refer to the weather. Here are some useful phrases:

Quel temps fait-il?	*What is the weather like?*
Quel temps faisait-il?	*What was the weather like?*

Il fait/faisait	beau	*It is/was*	*fine*
	chaud		*hot*
	froid		*cold*
	mauvais temps		*bad weather*

Il pleut/pleuvait	*It is/was raining*
Il neige/neigeait	*It is/was snowing*

2 To describe your holiday or to book a room in a hotel, dates are very important! Here are a few structures which will be helpful:

du _____ **au** _____   *from _____ to _____*

e.g.   **du** 2 septembre **au** 4 octobre

le 1er (premier) juin	*the first of June*
le 2 (deux) juin	*the second of June*
le 3 (trois) juin	*the third of June*

3 When you want to talk about something which is *going to happen* soon, use *I am going + verb*

I am going to go on holiday → **je vais aller** en vacances
I am going to swim → **je vais nager**

In French, this tense (sometimes called the 'immediate future') is made up of two parts: the verb **aller** in the present tense + the **infinitive** of the verb (i.e. the verb with the **er/ir/re** ending).

je **vais** nager	*I am going to swim*
tu **vas** nager	*you are going to swim*
il **va** nager	*he is going to swim*

elle **va** nager	she *is going to* swim
nous **allons** nager	we *are going to* swim
vous **allez** nager	you *are going to* swim
ils **vont** nager	they *are going to* swim
elles **vont** nager	they *are going to* swim

So, if you want to say *he is going to come*, it will be:

he is going (il va) + *to come* (venir) = il va venir.

4 Here are some useful phrases for writing and speaking about your holidays:

Je vais passer mes vacances...	*I am going to spend my holiday...*
...à la mer	*...at the seaside*
...à la montagne	*...in the mountains*
...à la campagne	*...in the countryside*
...à l'étranger	*...abroad*
Je pars/Je vais partir en vacances le...	*I go/am going on holiday on...*
du... au...	*from... to...*
le temps est magnifique	*the weather is superb*
en général...	*usually...*
cette année...	*this year...*

✔ *Now learn how to use this knowledge*

On holiday

Use your knowledge

20 minutes

1 Lisez la lettre puis répondez aux questions en français. (*Read the letter and then answer the questions in French.*)

Hint 1

> Bonjour!
>
> C'est bientôt les grandes vacances. Je suis contente! Je vais partir avec mes copines une semaine au bord de la mer, du 1er au 8 août. C'est plus amusant! Avec mes parents, c'est un peu ennuyeux et trop calme. Avec mes copines, on va sortir le soir, on va rencontrer d'autres jeunes. C'est super! Et toi, où vas-tu passer tes vacances? Tu préfères aller en vacances avec ta famille ou avec tes copines? Écris-moi vite!
>
> Amitiés,
> Sylvie.

a) Avec qui est-ce que Sylvie va partir en vacances?

b) Où va-t-elle partir en vacances?

c) Quand va-t-elle partir en vacances?

d) Que va faire Sylvie avec ses copines?

e) Sylvie préfère partir en vacances avec sa famille ou avec ses copines? Pourquoi?

2 Répondez aux questions de Sylvie en donnant les informations suivantes. (*Answer Sylvie's questions giving the following information.*)

- Où?   - Quand?   - Avec qui?   - Pourquoi?

Hint 2

Salut Sylvie!

Pendant les vacances, je vais...

3 Écoutez le disc compact puis complétez les phrases suivantes.
(*Listen to the CD and then complete the following sentences.*)

(24)

a) Je vais passer ___quinze___ ___jour___ à la montagne.   Hint 3

b) Nous allons ___faire___ ___de___ ___la___ ___marche___ et de
l'___equitation___.

c) Il y a aussi des ___lacs___ .

d) Nous allons bien nous ___ensemble___ .

4 How would you answer the following questions in French?

a) Cet été, où vas-tu en vacances?   Hint 4

b) Pour combien de temps pars-tu en vacances?

c) En vacances, qu'est-ce que tu aimes faire?

d) Tu préfères aller en vacances avec ta famille ou avec tes
copains? Pourquoi?

5 You are talking to your French friend about holidays.

a) Say that you are going to spend your holidays abroad.   Hint 5

b) Find out where he/she is going on holiday this summer.

c) Say that you like the beach, the sea and sunbathing.

d) Say that you hate going on holiday in the countryside
because it is too quiet and boring.

✔ *Hints and answers follow*

On holiday

Hints

1 Can you identify the tense used in these sentences?: je *vais partir*, on *va sortir*, on *va rencontrer*?

Look at the way the questions are formulated: *va partir, va-t-elle partir, va faire*. This is the immediate future. You can use the same construction when answering the questions.

What is the difference between *copain* and *copine*?

2 You have to answer Sylvie's questions: what are they? Check back to her letter. You are given some hints for your reply (Where? When? With whom? Why?) Just find a short answer for each point.

This is an opportunity to use the *immediate future* (je vais + infinitive).

3 There is a blank for each word. First, listen to the whole sentence and then write down your answers. Be careful with your spelling!

4 What do *cet* and *combien de temps* mean?

5 Can you recognise the various tenses of the verbs? Identify the tense in each statement and make sure you use the same tense in your French answer.

How do you express **too** quiet?

Answers

1 a) avec ses copines b) au bord de la mer c) du 1er au 8 août d) sortir et rencontrer d'autres jeunes e) avec ses copines: c'est plus amusant! 2 Je vais passer mes vacances à la montagne...je pars du 1er au 30 août...je pars avec ma famille... c'est amusant/mes parents sont gentils/nous faisons beaucoup d'activités ensemble... 3 a) quinze jours b) faire de la marche, l'équitation c) lacs d) amuser 4 a) Cet été, je pars en vacances à la mer/montagne/campagne. b) Je vais partir 1/2 semaine(s). c) J'aime bien sortir/nager/faire des promenades. d) Je préfère aller en vacances avec ma famille/mes copains parce que c'est plus amusant/on peut sortir/on est libre... 5 a) Je vais partir en vacances à l'étranger. b) Cet été, où vas-tu en vacances? c) J'aime la plage, la mer et bronzer. d) Je déteste passer mes vacances à la campagne parce que c'est trop calme et ennuyeux.

66

Buses and trains

Test your knowledge

10 minutes

1 L'année dernière, Eric est allé à l'étranger pour une semaine. Regardez l'itinéraire d'Eric ci-dessous. (*Last year Eric went abroad for a week. Look at his travel itinerary below.*)

jour	ville/pays	transport
lundi	Lyon	train
mardi	St Malo	autocar
mercredi	Plymouth (Angleterre)	bateau

Maintenant répondez en français aux questions suivantes:

a) Comment Eric est-il allé à St Malo?

b) Comment est-il allé à Plymouth?

focé onopre

2 Maintenant écoutez Michelle qui décrit un voyage qu'elle a fait la semaine dernière. Cochez la bonne case. (*Now listen to Michelle who is describing a trip she made last week. Tick the correct box.*)

(25)

	Vrai?	**Faux?**
a) Ses parents habitent en ville.	☐	☑
b) Elle a voyagé par le train.	☑	☐

3 How would you say the following in French?

a) A return ticket to Tours, please.

b) How much is that?

c) What time does the bus for Limoges leave?

d) It was raining when I caught the train.

e) It was 5pm when the bus arrived.

If you got them all right, skip to page 70

Buses and trains

Improve your knowledge

20 minutes

1 When talking about travelling somewhere you can use either **je voyage** or **je vais**. Je voyage is used with means of transport; je vais with locations. Look at the examples:

Je vais à Paris	**en** avion	*I go to Paris*	**by** *plane*
Je vais à l'école	**en** vélo	*I go to school*	**by** *bike*
Je voyage	**en** bateau	*I go*	**by** *boat*
Je voyage	**par le** train	*I go*	**by** *train*

2 To say that a vehicle has broken down, use the expression **tomber en panne**.

e.g. Ma voiture est tombée en panne. *My car has broken down.*

A mechanic in French is **un mécanicien** and it is his job to repair cars, which in French is **réparer les voitures**.

To arrive late is **arriver en retard**

3 When travelling by train or bus, you can buy either a single ticket (*un aller-simple*) or a return ticket (*un aller-retour*).

To ask for your ticket, say what kind of ticket you want and state your destination:

Un aller-simple pour Limoges, s'il vous plaît.
A single ticket to Limoges, please.

You will need to ask how much it costs too – *C'est combien?*

In many role-play tasks involving transport, you will need to find out what time the bus, coach or train you are catching is leaving. To ask this question in French, use the construction **À quelle heure...?**

e.g. À quelle heure part le train pour Limoges?
What time does the train for Limoges leave?

À quelle heure arrive le bus à Rouen?
What time does the bus arrive in Rouen?

In d) and e) of exercise 3 on page 67 you have to say that something *was happening*. This use of the verb is known as the **imperfect tense** and indicates something which *was happening* or *used to happen* in the past.

e.g. Quand j'habitais à Paris, j'allais souvent au restaurant Chartier.
  When I was living in Paris, I often used to go to the Chartier restaurant.

The imperfect tense is formed as follows:

1) take the **nous** form of the verb

2) remove the **-ons** ending

3) add the following endings:

je	→ **-ais**	nous	→ **-ions**
tu	→ **-ais**	vous	→ **-iez**
il/elle/on	→ **-ait**	ils/elles	→ **-aient**

So, for example, to say *we were watching*:

1) take the **nous** form of **regarder** (*regardons*)

2) remove the **-ons** (*regard*)

3) add the correct ending (*regardions*)

The verb **être** is slightly irregular in the imperfect tense and must be learnt:

j'étais	nous étions
tu étais	vous étiez
il/elle/on était	ils/elles étaient

Buses and trains

Use your knowledge

20 minutes

1 Regardez l'information ci-dessous et indiquez comment chaque personne est allée à sa destination. (*Look at the information below and describe how each person travelled to their destination.*)

Hint 1

e.g. André → Paris →

André est allé à Paris en voiture.

a) Marcelle → Toulouse →

b) Nicole → St Malo →

c) Lucien → Londres →

d) Georges → Bruxelles →

2 Listen to the following dialogues taking place at a railway station and, in English, fill in the necessary details below. (*Some details have been filled in for you already.*)

Hint 2

Dialogue	Type of ticket?	Destination?	Price of ticket?	Departure time?
1	~~simple~~ single	Paris	42 F	2.30
2	return	Tolouse	65 F	6.00
3	return	Lyon	38 F	2.15

70

3

> Il faisait beau. J'étais assise sur la terrasse d'un bar.
> Je buvais une tasse de thé et je mangeais un sandwich.
> Je ne faisais pas attention à mon sac-à-main. Je n'ai donc
> pas vu le voleur!

Hint 3

Cécile a perdu son sac-à-main. Répondez aux questions en français. (*Cécile has lost her bag. Answer the questions in French.*)

a) Est-ce qu'il pleuvait?

b) Qu'est-ce qu'elle buvait?

c) Est-ce qu'elle a vu le voleur?

4 You are at a railway station in Paris and you want to travel to Toulouse. How would you ask the following in French?

a) A return ticket to Toulouse, please.

b) How much is that?

c) What time does the train leave?

d) What time does the train arrive in Toulouse?

5 You arrive late at a friend's house. Your friend has gone out. Leave a note in which you make the following points. (Refer back to *Improve your knowledge* if you get stuck.)

Hint 4

- Say that you travelled by train because your car broke down.

- The train arrived at 6.30pm.

- You must return at 10.30pm.

Write approximately 40 words.

Hints and answers follow

Buses and trains

1   Look at the names of the four people. Are they men or women?
    Remember that if it is a woman the past participle (of **aller**) will
    take an extra **e**.

    How do you say *to Paris* in French? What is the difference between
    how the French say *by plane* and the way they say *by train*?

2   Do you remember the numbers from 1 to 100? If not, look them up
    and listen to them again – they're at the beginning of the CD. You
    need numbers to talk about lots of things so make sure you have
    learnt how to say them in French.

3   Don't forget that the imperfect tense indicates something which
    was happening. The perfect tense indicates something which *has
    happened*.

4   Look at the first two parts of the task. Is what you are describing
    happening now, or in the past? So what tense are you going to use?
    You'll have to use the verbs **voyager** and **aller**. What's the
    difference between these two verbs in the perfect tense?

    And how do the French say *at 6.30pm*?

Answers

1 a) Marcelle est allée à Toulouse par le train. b) Nicole est allée à St Malo en autocar.
c) Lucien est allé à Londres en avion. d) Georges est allé à Bruxelles à vélo.
2 single, Paris, 42F, 2.30; Toulouse, 65F, 6.00; Return, 38F, 13.45
3 a) Non, il faisait beau. b) Elle buvait une tasse de thé. c) Non, elle n'a pas vu le voleur.
4 a) Un aller-retour pour Toulouse s'il vous plaît. b) C'est combien?
c) A quelle heure part le train? d) A quelle heure arrive le train à Toulouse?

A single room, please

10 minutes

1 Faites correspondre les mots avec les images. (*Match up the words with the pictures.*)

eau / électricité / douche / ascenseur

a) 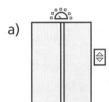   b) 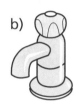   c)    d)

2 Écoutez M. Dupont qui fait une réservation au terrain de camping *Les Trois Chemins*. Remplissez la fiche de réservation. (*Listen to Mr Dupont who is making a reservation at* Les Trois Chemins *campsite. Fill in the booking form.*)

27

RESERVATION

Nom: Dupont
Prénom: Daniel
Adresse: 15, chemin des Lilas,
35 000 Rennes

Tente ou caravane? ___caravane___

Nombre de personnes: adultes / enfants: __2__ / __3__

Date: du ___première___ au ___seizième___

Prix adulte / enfant par jour: __20 F__ / __10 F__

3 How would you say the following in French?

a) Have you got a double room / single room available?

b) How much is it per night and per person?

✔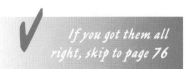
If you got them all right, skip to page 76

A single room, please

Improve your knowledge

20 minutes

1 Here is some useful vocabulary which will help you to enquire about a hotel or campsite.

Avez-vous une chambre pour une/deux personne(s)?	*Have you got a single/double room?*
Avez-vous une chambre avec... douche? WC? télévision? téléphone?	*Have you got a room with... a shower? a toilet? television? telephone?*
Peut-on prendre les repas?	*Is it possible to have meals?*
Y a-t-il un supplément?	*Does it cost more?*
Quels sont les équipements?	*What are the facilities?*
Y a-t-il l'eau/l'électricité?	*Is there water/electricity?*

2 When booking a hotel room or a place at a campsite, say clearly what you want to book, the number of people and the dates:

Je voudrais réserver... une chambre pour une/deux personne(s) un emplacement pour une tente/caravane	*I would like to book... a single room for one/two people a pitch for a tent/caravan*
du... au...	*from... to...*
Nous sommes... adultes (et... enfants)	*We are... adults (and... children)*
Nous avons besoin de...	*We require...*

3 Here is some vocabulary about methods of payment.

Comment est-ce-qu'on peut payer?	*How can we pay?*
en liquide	*in cash*
par chèque	*by cheque*
par carte de crédit	*by credit card*
Il faut payer d'avance?	*Do we have to pay in advance?*

A single room, please

Use your knowledge

20 minutes

1 Lisez la description de l'*Hôtel aux Merles* puis répondez aux questions en anglais. (*Read the description of the* Hôtel aux Merles *and then answer the questions in English.*)

L'Hôtel aux Merles

Hôtel cinq étoiles, tout confort, moderne et accueillant. À 500m de la plage, l'*Hôtel aux Merles* vous offre des chambres pour une personne, couple et famille. Salle de bains avec baignoire, douche, bidet, lavabo; toilettes indépendantes; télévision, téléphone et service individuel. Chambre spacieuse avec balcon et vue sur la mer. Pour chambre familiale, coin cuisine.

a) Where is the hotel located?

b) What is the standard of the hotel?

c) What kinds of rooms are available?

d) What facilities are available in each room?

e) What extra facility do family rooms have?

2 Écrivez une lettre pour réserver une chambre à l'*Hôtel aux Merles*. Utilisez les renseignements suivants. (*Write a letter to book a room at the* Hôtel aux Merles. *Use the following information.*)

- 2 personnes
- 3 nuits
- petit déjeuner et dîner?
- prix?
- chèque, carte bancaire ou liquide?

(Hint 1)

L'Hôtel aux Merles
2, Place de la Mairie
44 000 St Nazaire

le __ / __ / __

Monsieur le Directeur,

3 Écoutez la description des hôtels suivants et cochez les bonnes cases. (*Listen to the description of the following hotels and tick the correct boxes.*)   (Hint 2)

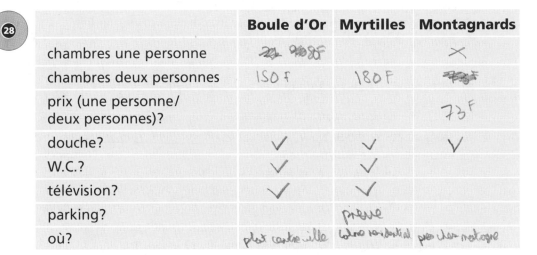

	Boule d'Or	Myrtilles	Montagnards
chambres une personne	~~24~~ ~~90~~ 85F		✕
chambres deux personnes	150 f	180F	~~72F~~
prix (une personne/ deux personnes)?			73 F
douche?	✓	✓	✓
W.C.?	✓	✓	
télévision?	✓	✓	
parking?		prève	
où?	plat centre ville	colne résidentiel	près chez montagne

4 You are checking into a French hotel with your family. You are going to have to do the talking!   (Hint 3)

a) Say that you want two double rooms with bathroom and television.
b) Ask whether there is a car park and shops nearby.
c) Ask if there is a lift.
d) Say that you are going to stay for a fortnight.
e) Find out at what time meals are served.

✓ *Hints and answers follow*

A single room, please

Hints

1 Writing a formal letter is different from writing a letter to a friend. Will you use the **vous** form or the **tu** form? At the top left, write your name, address and telephone number. At the top right, write the name, address and telephone number of the person you are writing to along with the date. Remember to start the letter with *Cher/Chère* followed by *Monsieur/Madame, Monsieur le Directeur/ Madame la Directrice* etc. To end the letter, use a formal phrase like *Veuillez agréer, Madame/Monsieur, l'expression de mes sentiments les plus distingués.* (This is roughly equivalent to *Yours faithfully*.)

2 Before you listen to the CD, have a good look at the grid and work out what information you are listening out for.

3 Check your vocabulary! What is the word for *lift, to stay, a fortnight*?

Do you remember how to ask questions? Which question word will you use for *at what time*?

Answers

1 a) 500m from the beach b) 5 star c) single, double, family rooms d) bathroom with bath, shower, bidet, basin, separate toilets, TV, phone, personal service e) small kitchen
2 Refer to *Improve your knowledge* and the letter. 3 **La Boule d'Or:** 1 personne, 2 personnes, douche, WC, TV, 80F/150F, centre-ville. **Myrtilles:** 1 personne, 2 personnes, douche, WC, TV, parking, 90F/180F, à trois km du centre-ville. **Montagnards:** 2 personnes, douche, WC, 75F, à la montagne 4 a) Je voudrais deux chambres pour deux personnes avec salle de bains et télévision b) Il y a un parking et des magasins à proximité? c) Il y a un ascenseur? d) Nous allons rester quinze jours. e) À quelle heure est-ce que les repas sont servis?

78

I want to be...

Test your knowledge

1 Lisez la lettre puis complétez les phrases suivantes. (*Read the letter and then complete the sentences which follow.*)

> Salut!
>
> Moi, je suis forte en langues, maths et histoire. L'année prochaine, j'irai au lycée pour préparer mon bac. Après, j'irai à la fac ou je travaillerai. Et toi, quels sont tes projets pour l'avenir?
>
> Amicalement,
> Sylvie.

a) Sylvie is good at _____ , _____ and _____ .

b) Next year she will study for her _____ .

2 Quel métier veulent-ils faire? Écoutez le disc compact et écrivez la bonne réponse. (*Which job do they want to do? Listen to the CD and write down the answers.*)

(29)

a = mécanicien **b** = infirmiere **c** = vendeuse

3 Conjuguez les verbes entre parenthèses au futur. (*Put the verbs in brackets into the future tense.*)

a) L'année prochaine, j'_____ un métier. (**apprendre** *to learn*)

b) Dans deux ans, elle _____ son bac. (**passer** *to take an exam*)

4 How would you say the following in French?

a) Which subjects do you study?

b) What are your plans for next year?

c) What job would you like to do?

If you got them all right, skip to page 82

I want to be...

Improve your knowledge

1 In this letter, Sylvie tells you about her plans for the future. Therefore, she uses the **future tense**: *j'irai* and *je travaillerai*. If you had to write back, you would have to use the same tense.

2 In the listening comprehension, you will hear these two expressions which mean I would like: *je voudrais* and *j'aimerais*.

Make sure that you use the **infinitive** after *je voudrais* and *j'aimerais*. Look at the examples:

Je voudrais être docteur.   *I would like to be a doctor.*
J'aimerais travailler à l'étranger.   *I would like to work abroad.*

3 It's time to have a closer look at the **future tense** (*I shall/will...*). The basic pattern is to take the verb in its **infinitive form** and to add the following endings: **ai, as, a, a, ons, ez, ont, ont**. All three groups of verbs (**er**, **ir** and **re**) follow this pattern but for **re** verbs you must remove the final **e** from the infinitive before adding the endings:

manger	**finir**	**vendre**
je manger**ai**	je finir**ai**	je vendr**ai**
tu manger**as**	tu finir**as**	tu vendr**as**
il manger**a**	il finir**a**	il vendr**a**
elle manger**a**	elle finir**a**	elle vendr**a**
nous manger**ons**	nous finir**ons**	nous vendr**ons**
vous manger**ez**	vous finir**ez**	vous vendr**ez**
ils manger**ont**	ils finir**ont**	ils vendr**ont**
elles manger**ont**	elles finir**ont**	elles vendr**ont**

As you know, many **re** verbs are **irregular**. They will also be irregular in the future tense. Refer to the table of irregular verbs on page 94 and learn the most important ones. (The most important are **être** (*to be*) and **avoir** (*to have*). Do you know them by heart?)

4 Here are some useful phrases for writing and speaking about your future plans.

plus tard/à l'avenir/
    l'année prochaine...
	*later on/in the future/
	    next year...*

j'irai au lycée/
    à l'université
	*I will go to sixth form college/
	    university*

je passerai mon
    mon brevet des collèges
    mon bac
	*I will take my
	    my (GCSE equivalent)
	    my (A level equivalent)*

j'étudierai l'anglais je trouverai un emploi	*I will study English I will find a job*

je voudrais...
    ...être (+ métier)
    ...voyager
    ...gagner de l'argent
    ...partir à l'étranger
    ...avoir une carrière
	*I would like...
	    ...to be (+ job)
	    ...to travel
	    ...to earn money
	    ...to go abroad
	    ...to have a career*

je ne sais pas peut-être ça dépend	*I don't know perhaps it depends*

✓ *Now learn how to use this knowledge*

I want to be...

Use your knowledge

1 Lisez la lettre puis répondez aux questions en français.
(*Read the letter and then answer the questions in French.*)

Hint 1

Bonjour Sylvie!

J'espère que tu vas bien. Tu veux connaître mes projets? Voilà:
après mon GCSE, j'irai moi aussi au lycée pour passer mes A
levels. Ensuite, j'étudierai à l'université car je voudrais être
professeur. J'aimerais aussi voyager.

Amicalement,
Sarah.

a) Quand Sarah ira-t-elle au lycée?

b) Après le lycée, que fera Sarah?

c) Quel métier veut-elle faire?

d) Sarah a un autre projet?

2 Écrivez une lettre expliquant vos projets pour: (*Write a letter
explaining your plans for:*)

- les vacances
- l'année prochaine
- votre carrière

Hint 2

Salut _____ ! ...

3 Écoutez le disc compact. Trois élèves discutent de leurs projets pour l'avenir. Cochez les bonnes cases. (*Listen to the CD. Three pupils are talking about their plans for the future. Tick the correct boxes.*)

Hint 3

	collège?	lycée?	travailler?	voyager?	vacances?
Cécile	✓			beoup	✓
Alexandre		✓	✓		
Sandrine			✓	✓	

4 How would you answer the following questions in French?

a) Tu veux continuer tes études?

b) Quelles matières veux-tu étudier?

c) Tu préfères étudier ou travailler? Pourquoi?

d) Plus tard, quel métier veux-tu faire?

Hint 4

5 You are discussing your plans for the future with your French penfriend.

a) Say that you will take your GCSEs this year and then A levels in English, maths and French.

b) Find out what his/her plans are for next year.

c) Ask if he/she likes studying.

d) Say that you would like to earn money, but for your parents studying is more important.

Hint 5

✓ *Hints and answers follow*

I want to be...

Hints

1 What is the French for *to take an exam*? And *to pass an exam*?

Note that *j'irai* and *j'étudierai* are in the future tense. You'll need to use the future tense in some of your answers too.

2 Use Sarah's letter as a model and include the points you have been asked to cover: plans for your holidays, next year, your job/career. Use simple structures like *je voudrais*, and *j'aimerais* and put your verbs into the future tense when necessary.

3 What is the difference between *collège* and *lycée*? Be clear about what you are listening for and tick the boxes while listening to the CD.

4 **veux** comes from the verb **vouloir** which means to *want*. You will find it in the table of irregular verbs (page 94). If you don't know it, learn it now!

5 Identify the tenses: *will take* is future, whereas *are*, *likes* and *is* are present tense.

How do you say *I would like*?

You need to ask two questions in this exercise. The first one is *What are your plans for next year?* and the second one is *Do you like studying?* Do you remember how to formulate a question? For the first one, start with *Quels* and for the second one, use *Est-ce que...*

Answers

1 a) après ses GCSEs b) elle ira à l'université c) professeur d) voyager **2** Refer to the letter and *improve your knowledge*. **3** Cécile: collège; voyager; vacances. Alexandre: lycée; travailler. Sandrine: travailler; voyager. **4** a) Oui/Non, j'aime/je n'aime pas les études. b) Je veux étudier (+ *name of the subject*) c) Je préfère étudier parce que c'est important d'avoir des diplômes/ l'argent/je veux être indépendant(e). d) Plus tard, je veux être (+ *job*). **5** a) Je passerai mes GCSEs cette année et puis je passerai mes A levels en anglais, maths et français. b) Quels sont tes projets pour l'année prochaine? c) Est-ce que tu aimes les études? d) J'aimerais gagner de l'argent, mais pour mes parents, étudier c'est plus important.

84

Mock exam

1
hour

Reading comprehension

Section 1   Questions 1–6

Lisez bien l'extrait, puis répondez aux questions en français.

> ## L'Hôtel des Arcades
> ....
> ### Informations utiles pour la clientèle
> ∎
> L' hôtel se trouve à trois cents mètres de la plage et à deux cents mètres des magasins.
>
> ∎
> Si vous devez arriver après 20h, précisez-le en réservant.
>
> ### Chambres
> 42 chambres dont 28 sont des chambres à deux personnes alors que les autres sont à une personne. Toutes les chambres sont avec douche et wc.
>
> ∎
> Chaque chambre a une télévision et il y a un ascenseur. Un parking qui est réservé à la clientèle se trouve derrière l'hôtel.
>
> ### Repas
> Le petit déjeuner et le dîner sont servis à l'hôtel et il y a un restaurant self-service en face de l'hôtel.
>
> ### Prix
> Juin à août, entre 220 et 300 francs par chambre.
>
> Pendant les autres mois, entre 180 et 220 francs.

1   La plage se trouve plus près de l'hôtel que les magasins?

2   Que devez-vous faire si vous arrivez à l'hôtel après 20h?

3 Combien de chambres sont à une personne?

4 Est-il possible d'utiliser le parking derrière l'hôtel si on n'est pas client?

5 Quel repas n'est pas servi à l'hôtel?

6 Quel est le prix minimum d'une chambre au mois de janvier?

Section 2   Questions 7–11

Lisez les renseignements de quatre élèves français.

Michelle, 14 ans

J'habite dans un pavillon tout près de mon école. Nous sommes cinq: mes parents, qui sont profs et mes deux soeurs. Je suis la plus jeune, mais mes soeurs m'aident beaucoup avec mes devoirs. Mes parents sont toujours occupés et ils n'ont pas beaucoup de temps pour moi et ça m'énerve quelquefois.

Luc, 15 ans

J'habite avec mes parents et mon frère en Normandie. Mon frère est plus âgé que moi, mais je le trouve ennuyeux parce qu'il passe tous les soirs dans sa chambre. À l'école j'aime l'anglais, mais je déteste le dessin. L'école est très moderne et il y a même un ascenseur. Chaque soir je fais deux heures de devoirs.

Georges, 16 ans

Je trouve mes parents énervants et je déteste quand ils essaient de se mêler de ma vie privée. À l'école je trouve toutes mes matières ennuyeuses et une perte de temps. Je préfère rester dans ma chambre et regarder la télévision tout seul. Quelquefois j'ai l'impression que personne ne me comprend.

Brigitte, 15 ans.

Je suis fille unique et je parle de tous mes problèmes à mes parents. Ils me donnent beaucoup de liberté et d'indépendance, et ils me laissent sortir le soir pour voir mes amies. En revanche, j'aime être seule de temps en temps, mais pas très souvent.

7 Vrai ou faux? Cochez la bonne case.

	Vrai	**Faux**
Brigitte et Georges s'entendent bien avec leurs parents.	☐	☐
Michelle pense que ses parents ne s'intéressent pas à elle.	☐	☐
Les parents de Brigitte sont trop stricts.	☐	☐

Answer the following questions in English.

8 What type of house does Michelle live in?

9 How does Luc describe his school?

10 What criticism does Georges level at his parents?

11 Why does Michelle get help mainly from her sisters when she is doing her homework?

Listening comprehension

(31) **Section 1**

Vous allez entendre quatre extraits de conversation en français.

Regardez la liste des scénarios ci-dessous:

A   dans un magasin de chaussures
B   à la gare routière
C   au restaurant
D   à l'épicerie
E   dans un magasin de vêtements
F   au garage
G   au camping

Écoutez les extraits et remplissez les blancs avec la description qui correspond le mieux à chaque extrait. Écrivez A, B, C, D, E, F ou G dans chaque case.

1 ☐   3 ☐

2 ☐   4 ☐

Section 2

While you are staying in France with your parents a friend of the family phones up and leaves a message on your answerphone. You only manage to write down some of the information. Now listen to the passage and answer the questions below.

1 What is the name of the caller? Give the correct spelling.

2 What is her telephone number?

3 What is the message?

4 When does the caller think they will be able to visit?

5 What will the caller's eldest son be doing next week?

Speaking

You are in a lost property office in France and you have lost your umbrella.

1 Saluez l'employé et dites pourquoi vous êtes là.

2 Décrivez l'objet perdu en donnant deux détails.

3 Dites où vous avez perdu cet objet.

4 Donnez vos coordonnées.

5 Donnez votre numéro de téléphone.

Answers

Speaking
1 Bonjour monsieur, j'ai perdu mon parapluie.
2 Il est noir (or any colour you like) et assez grand (or any description you like).
3 Je l'ai perdu + name of a suitable place with correct preposition e.g. à la gare.
4 Give your personal details (name, etc).
5 You can make this up if you like.

Listening comprehension
Section 1: 1 D 2 A 3 F 4 G
Section 2: 1 D-E-L-P-H-I-N-E S-T-O-B-A-R-T 2 04-45-36-21-89 3 Her car has broken down.
4 Next week. 5 Finishing his A Levels.
She cannot come to visit today.

7 faux; vrai; faux 8 a detached house 9 modern (with a lift)
10 He finds them annoying. They try to pry into his private life.
11 Because her parents are always busy

Reading comprehension
Section 1:
1 Non, les magasins se trouvent plus près de l'hôtel. 2 Vous devez le préciser en réservant.
3 14 chambres sont à une personne. 4 Non. 5 Le déjeuner. 6 180 francs.
Section 2:

88

Writing

Vous avez reçu une lettre de votre correspondant français, qui habite à Lyon.

Lisez sa lettre et écrivez une réponse en français. Il faut essayer de répondre à toutes ses questions. **Écrivez 100 mots**.

Salut!

Merci pour ta dernière lettre et j'espère que tout va bien pour toi. Comme tu sais, j'habite à Lyon avec ma famille. Nous sommes quatre: mon père, ma mère, ma soeur et moi. Je vais t'envoyer une photo de ma famille dans ma prochaine lettre. Est-ce que tu as des frères ou des soeurs? Tu peux décrire un peu ta famille?

À Lyon, il y a beaucoup de choses à faire et on y trouve tous les avantages d'une grande ville, par exemple des magasins, des théâtres et des cinémas. Comment est ta ville? Qu'est-ce qu'il y a comme distractions près de chez toi? Quelles sortes de magasins avez-vous dans ta ville?

Ma famille et moi, nous sommes allés à Perpignan le mois dernier pour les vacances et nous sommes restés dans un camping près d'une forêt. C'était fantastique parce que nous avons visité tant de distractions. Tu es aussi allé en vacances avec ta famille? Où as-tu passé tes vacances?

Amitiés

Georges

Cher Georges

Audio transcripts

 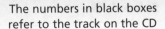

Les numéros: Voici les numéros de un à cent. 1, 2, 3, *etc.* **1**

L'alphabet: Voici l'alphabet en français. a, b, c, *etc.* **2**

Who am I?

Test your knowledge (ex.2) **3**

J'ai les cheveux longs, bruns et raides. Mes yeux sont verts. Je suis jolie et mince. Je mesure 1,50m et je pèse 35 kg.
Je suis très gentille et toujours de bonne humeur. En général, je suis calme et assez sérieuse.

Use your knowledge (ex.2) **4**

Bonjour! Je m'appelle Sylviane (S-Y-L-V-I-A-N-E) et j'habite aux États-Unis. J'ai 14 ans et mon anniversaire est le 20 juin. Je t'envoie ma photo. Oui, je le sais, je suis assez petite. J'ai les yeux verts et les cheveux roux. Je suis très sportive, sympa et toujours de bonne humeur. Et toi?

My family

Test your knowledge (ex.2) **5**

Marlène: Je m'appelle Marlène, j'ai 18 ans et je suis célibataire.
Béatrice: Je m'appelle Béatrice, j'ai 70 ans et je suis veuve.

Use your knowledge (ex.2) **6**

Je m'appelle Serge (S-E-R-G-E) et j'ai 13 ans. J'habite à Paris avec mes parents, mon frère, ma soeur et mes grands-parents. C'est chouette d'être tous ensemble! Mon frère et ma soeur sont plus âgés que moi. Mes parents travaillent. Ce sont mes grands-parents qui s'occupent de moi. Ils ne sont pas très vieux. Je m'entends très bien avec eux: ils sont très gentils.

Where I live

Test your knowledge (ex.3) **7**

Ma maison est assez petite mais très jolie. Au rez-de-chaussée, il y a quatre pièces: le salon, la salle-à-manger, la cuisine et le bureau. Chez moi, il y a un seul étage. À droite de l'escalier, il y a la salle de bains et en face de la salle de bains, il y a la chambre de mes parents. À côté de la chambre de mes parents, il y a un petit salon et en face du salon, c'est ma chambre.

Use your knowledge (ex.2) **8**

Ma chambre est au rez-de-chaussée. Elle est assez grande et très confortable. La moquette est verte et les rideaux sont multicolores. A droite de la fenêtre, il y a mon lit avec une table de chevet. A gauche de la fenêtre, il y a mon bureau. En face de la fenêtre, j'ai une grande armoire.

My daily routine

Test your knowledge (ex.2) **9**

Le mercredi matin, je vais à la piscine et l'après-midi, je regarde la télévision. Le samedi matin, je vais au centre commercial avec ma mère pour faire les courses. L'après-midi, je joue au football avec mes copains. Le dimanche, c'est assez calme. En général, je dors beaucoup le matin et après le déjeuner, je fais mes devoirs pour le lundi.

Use your knowledge (ex.2) **10**

Samedi 14 juillet, voyons... À 9h30, je dois aller chez la coiffeuse. À 10h30, j'ai rendez-vous avec mon ami, Paul. À 12h, nous allons manger ensemble au restaurant. Vers 14h15, je dois aller faire mes courses au supermarché. Puis à 16h, je me suis inscrite à différentes activités sportives avec mes copines. Le soir, c'est la fête! À 20h, il y a un concert sur la place de la mairie et à 22h un spectacle nocturne au bord de la rivière!

School life

Test your knowledge (ex.2) **11**

Je suis en 4ème au Collège Prévert. J'aime bien les études. Mes matières favorites, c'est les maths et l'éducation physique. C'est intéressant et j'aime bien les profs.

Use your knowledge (ex.2) **12**

Ah! Voyons le bulletin scolaire de ma fille, Nadine, née le 28 avril 1982. Elle est en classe de 4ème et elle étudie les matières suivantes: français, 15/20; maths,14/20; 10/20 en histoire et 9/20 en géographie! Quel désastre! Anglais, 18/20. Excellent! Sciences, 12/20 et pour terminer, sport, 16/20. Oui, Ça va. Nadine passe en classe supérieure. Félicitations, Nadine!

Hobbies and pastimes

Test your knowledge (ex.2) **13**

Jean: Céline, qu'est-ce que tu aimes faire le soir?
Céline: Normalement j'aime jouer à l'ordinateur parce que c'est fascinant ou j'écoute des disques. J'adore surtout la musique classique et quelquefois je lis des romans, en particulier des romans policiers. Et toi, qu'est-ce que tu fais le soir?
Jean: Moi, je passe le soir à regarder la télévision. Je préfère les programmes comiques et les dessins animés. Je ne fais pas de sport parce que je trouve ça ennuyeux.

Use your knowledge (ex.2) **14**

J'ai beaucoup d'amis dans ma classe et ils aiment faire beaucoup de choses pendant leur temps libre. La semaine dernière, par exemple, Martine a rendu visite ses amis, Michelle a joué au basket avec ses amis et Kevin a réparé son vélo.

Where is...?

Test your knowledge (ex.2) **15**

Bonjour, je m'appelle Hélène et j'habite une petite ville qui se trouve tout près de la côte. Il y a cinq mille habitants et la ville est très calme. Il y a beaucoup d'arbres et un grand jardin public avec toutes sortes de fleurs. Il n'y a pas beaucoup de magasins, seulement une boulangerie, un petit supermarché et un kiosque à journaux. Nous avons aussi un grand hôtel de ville qui est très intéressant.

Use your knowledge (ex.2) **16**

Serge: Excusez-moi monsieur, mais où se trouve la mairie?
Personne A: Ah oui, la mairie se trouve près de la piscine.
Personne B: Mais non, ce n'est pas vrai! La mairie est située en face de la gare routière.
Personne C: Non, non, non, elle se trouve à côté du jardin public.
Personne D: N'importe quoi! La mairie est située devant le syndicat d'initiative.

A kilo of tomatoes

Test your knowledge (ex.2) **17**

Aujourd'hui, je vais faire les courses. Il ne me faut pas grand chose, juste deux litres de lait et un paquet de sucre.

Use your knowledge (ex.3) **18**

– Allô, la Redoute?
– Oui, Madame. Vous désirez?
– Je voudrais commander des articles.
– Lesquels, s'il vous plaît?
– Alors je voudrais: un lot de chaussettes à 23 F, taille 38, référence RS201; une robe à 156F90, taille 40, référence BJ843; une veste à 250F, taille 36, référence OE164. Non, j'en voudrais deux.
– D'accord: deux vestes.
– Et pour terminer, trois paires de collants à 36F la paire, taille 42, référence CI541.
– Vous désirez autre chose?
– Non merci, ça sera tout.
– Merci pour votre commande. Au revoir.
– Au revoir.

I feel ill

Test your knowledge (ex.2) **19**

Médecin: Bonjour monsieur, qu'est-ce qui ne va pas?
Client: Je suis tombé de mon vélo et je me suis fait mal à la jambe. C'est grave?
Médecin: Non ce n'est pas grave, mais il faut vous mettre un pansement.
Client: Merci Docteur.

Use your knowledge (ex.2) 20

Aujourd'hui j'ai passé une très mauvaise journée. Le matin je suis tombée du lit et je me suis fait mal au dos et au bras. Dans l'après-midi je suis tombée de ma bicyclette et je me suis fait mal à la tête, et le soir, je me suis enrhumée. J'ai aussi mal à la gorge et ma mère m'a donné des médicaments.

I've lost my bag!

Test your knowledge (ex.2) 21

Perdu sac-à-main, marron, de petite taille et carré contenant 200F et paire de lunettes.

Use your knowledge (ex.2) 22

– Bonjour, je peux vous aider?
– Oui, on a volé mon vélo.
– Bon, nous allons remplir une fiche de renseignements. Votre nom et adresse, s'il vous plaît?
– Pierre Dupont, 10, rue Victor Hugo, Rouen.
– Où était votre vélo?
– Près de la mairie, entre la maison de la presse et la poste.
– Quand cela s'est-il passé et vers quelle heure?
– C'était hier, mercredi, vers onze heures.
– Pouvez-vous me décrire votre vélo?
– Oui. La marque de mon vélo est Raleigh. C'est un vélo tout terrain, noir et violet. Il est tout neuf!
– Merci, nous allons essayer de le trouver.
– Au revoir.
– Au revoir.

On holiday

Test your knowledge (ex.2) 23

Je vais passer mes vacances à la montagne pendant quinze jours. Je vais toujours en vacances avec ma famille, c'est plus agréable!

Use your knowledge (ex.3) 24

Je vais passer quinze jours à la montagne avec mes parents. Nous allons faire de la marche et de l'équitation. Il y a aussi des lacs pour se baigner. Nous allons bien nous amuser tous ensemble!

Buses and trains

Test your knowledge (ex.2) 25

La semaine dernière je suis allée chez mes parents qui habitent à la campagne, mais quel désastre! J'ai décidé d'y aller en voiture et, après avoir sorti l'auto, je me suis mise en route. Malheureusement, la voiture est tombée en panne et j'ai téléphoné au garage. Deux heures après, le mécanicien est arrivé, mais il ne pouvait pas réparer la voiture. J'ai donc décidé de continuer le voyage en train, mais le train est arrivé en retard! Tu imagines ma tête! Je suis arrivée chez mes parents à dix heures du soir et j'étais très fâchée.

Use your knowledge (ex.2) 26

1 – Bonjour madame. Vous désirez?
– Un aller-simple pour Paris, s'il vous plaît.
– Ça fait quarante-deux francs.
– Voilà. Et à quelle heure part le train pour Paris?
– À deux heures et demie.
– Merci monsieur. Au revoir.

2 – Bonjour monsieur. Vous désirez?
– Un aller-retour pour Toulouse, s'il vous plaît.
– Ça fait soixante-cinq francs.
– Voilà monsieur. À quelle heure part le train?
– À six heures exactement.
– Merci monsieur. Au revoir.

3 – Bonjour madame, je voudrais un aller-retour pour Lyon, s'il vous plaît.
– Certainement, mademoiselle. Ça fait trente-huit francs.
– Voilà madame. Et à quelle heure part le prochain train pour Lyon?
– À une heure moins le quart.
– Merci madame. Au revoir.

A single room, please

Test your knowledge (ex.2) 27

– Allô, camping Les Trois Chemins. Que puis-je faire pour vous?
– Bonjour, j'aimerais faire une réservation.
– D'accord. C'est à quel nom?
– Dupont.
– C'est pour combien de personnes?
– Nous sommes cinq: ma femme, moi et nos trois enfants.

– Et vous voulez rester combien de jours?
– 15 jours. Du 1er au 16 août.
– Vous souhaitez un emplacement pour une tente ou une caravane?
– Une caravane.
– Bien. Ça sera 20F par jour par adulte, et 10F par jour par enfant.
– D'accord. Y a-t-il un supplément pour l'électricité, l'eau et les douches?
– Non, tout est compris.
– Parfait. Au 1er août alors!
– Oui, c'est ça. Au revoir.

Use your knowledge (ex.3)   **28**

1 *Hôtel de la Boule d'Or*: situé en plein centre-ville, chambres une personne, 80F, et chambres deux personnes, 150F avec douche, WC et télévision.

2 *Hôtel des Myrtilles*: chambres une personne, 90F et deux personnes,180F. Tout confort: douche, WC, télévision et parking privé. À 3km du centre-ville dans un quartier calme et résidentiel.

3 *Hôtel des Montagnards*: en pleine montagne, chambres deux personnes uniquement à 75F. Douche et WC uniquement.

I want to be...

Test your knowledge (ex.2)   **29**

a) Moi, je voudrais être mécanicien, comme mon père!

b) Mon rêve, c'est d'être infirmière.

c) J'aime bien les magasins; alors, j'aimerais être vendeuse.

Use your knowledge (ex.3)   **30**

Cécile: L'année prochaine, je commence mes études au collège. Pendant les vacances, j'irai à l'étranger. Je voyagerai beaucoup parce que je veux apprendre beaucoup de langues étrangères.

Alexandre: Moi, j'irai au lycée, je passerai mon bac et ensuite je travaillerai.

Sandrine: Je déteste les études et je ne suis pas bonne élève! Je veux travailler, gagner de l'argent et voyager.

Mock exam

Section 1 (question 1)   **31**

Scene 1
– Bonjour monsieur, vous désirez?
– Oui, deux kilos de pommes de terre, quatre oranges et un chou-fleur s'il vous plaît.
– Voilà monsieur.

Scene 2
– J'aime beaucoup la paire dans la vitrine.
– Et vous faites quelle pointure?
– 40.

Scene 3
– Faites le plein s'il vous plaît, et pouvez-vous vérifier l'eau?
– Certainement, mademoiselle.

Scene 4
– Bonjour monsieur, nous avons fait une réservation pour un emplacement.
– Voici notre fiche de réservation. Nous sommes quatre.
– Un moment, madame.

Section 2   **32**

Allô, ici Delphine Stobart D-E-L-P-H-I-N-E S-T-O-B-A-R-T. Mon numéro de téléphone c'est 04-45-36-21-89 et je voudrais laisser un message à Madame Smith. Je suis vraiment désolée, mais ma voiture est tombée en panne et je ne peux pas vous rendre visite aujourd'hui. J'espère vous rendre visite la semaine prochaine après que mon fils aîné a terminé ses épreuves de Bac. Au revoir.

Table of irregular verbs

Verb	Present tense	Perfect tense	Future tense
être *to be*	je suis tu es il/elle est nous sommes vous êtes ils/elles sont	j'ai été tu as été il/elle a été nous avons été vous avez été ils/elles ont été	je serai tu seras il/elle sera nous serons vous serez ils/elles seront
avoir *to have*	j'ai tu as il/elle a nous avons vous avez ils/elles ont	j'ai eu tu as eu il/elle a eu nous avons eu vous avez eu ils/elles ont eu	j'aurai tu auras il/elle aura nous aurons vous aurez ils/elles auront
aller *to go*	je vais tu vas il/elle va nous allons vous allez ils/elles vont	je suis allé(e) tu es allé(e) il est allé elle est allée nous sommes allé(s) (es) vous êtes allé(s) (es) ils sont allés elles sont allées	j'irai tu iras il/elle ira nous irons vous irez ils/elles iront
faire *to make/to do*	je fais tu fais il/elle fait nous faisons vous faites ils/elles font	j'ai fait tu as fait il/elle a fait nous avons fait vous avez fait ils/elles ont fait	je ferai tu feras il/elle fera nous ferons vous ferez ils/elles feront
vouloir *to want to*	je veux tu veux il/elle veut nous voulons vous voulez ils/elles veulent	j'ai voulu tu as voulu il/elle a voulu nous avons voulu vous avez voulu ils/elles ont voulu	je voudrai tu voudras il/elle voudra nous voudrons vous voudrez ils/elles voudront
prendre *to take*	je prends tu prends il/elle prend nous prenons vous prenez ils/elles prennent	j'ai pris tu as pris il/elle a pris nous avons pris vous avez pris ils/elles ont pris	je prendrai tu prendras il/elle prendra nous prendrons vous prendrez ils/elles prendront